TARIF
DES DOUANES DU BRÉSIL.

TABLEAU *des Évaluations fixées pour la perception des Droits d'Entrée* (1).

Aux termes d'un décret du 2 mai, qui a institué une commission pour la révision des évaluations destinées à servir de base à la perception des droits de douane au Brésil, le nouveau tarif doit comprendre huit sections dont voici les titres :

I.re Draps, flanelles, molletons, toiles de Bretagne, toiles à voiles fines, percales, toiles à voiles ordinaires, indiennes et autres tissus de laine, fil et coton.

II.e Mousselines unies et brodées de blanc, d'or, d'argent ou de composition ; soieries, rubans, dentelles, tulles et autres tissus analogues.

III.e Fer et articles de fer.

IV.e Plaqués et autres articles de métal.

V.e Drogues et produits chimiques.

VI.e Ouvrages de menuiserie.

VII.e Faïence, cristaux et verroteries.

VIII.e Papiers, comestibles, liquides de toute sorte.

Le bureau de commerce et des colonies n'a encore reçu que trois sections, la première et la deuxième réunies, et la huitième. Elles sont l'objet de la présente publication.

Les autres sections seront successivement communiquées aux chambres de commerce, au fur et mesure qu'elles parviendront à la connaissance du bureau de commerce.

Les évaluations du présent tableau ne sont applicables qu'au port et à la province de Rio de Janeiro. Des *pautas* particulières doivent être établies pour les autres provinces.

---

(1) Les chambres de commerce ont été informées qu'une loi du 24 septembre 1828 a fixé à 15 p. % les droits d'entrée à percevoir sur les marchandises étrangères, sans distinction de pavillon.

Ire ET IIe SECTIONS.

Coton, Lin et Chanvre, Soie. — Ouvrages de ces Matières. — Ouvrages en laine.

MARCHANDISES.	UNITÉS.	ÉVALUATIONS.
		Reis.
Auduras de toile de lin	La pièce	480.
Aumusses de coton de mousseline brodée	*Idem*	6,000.
Aumusses de coton de mousseline unie	*Idem*	1,600.
Aumusses de coton de tulle brodé	*Idem*	4,600.
Aumusses de lin de batiste	*Idem*	12,000.
Aumusses de lin de dentelle de France	*Idem*	16,000.
Aumusses de peau de chamois	*Idem*	2,400.
Aumusses de peau autres fines	*Idem*	9,600.
Aumusses de soie de gaze	*Idem*	1,600.
Aumusses de soie de satin unies ou façonnées, avec ornemens	*Idem*	6,000.
Aumusses de soie de tulle	*Idem*	4,800.
Aumusses de soie de velours	*Idem*	9,600.
Bas de coton pur Chaussettes communes	La douzaine	1,920.
Bas de coton pur Chaussettes fines	*Idem*	4,000.
Bas de coton pur autres pour enfans communs	*Idem*	2,800.
Bas de coton pur autres pour enfans fins	*Idem*	4,000.
Bas de coton pur autres pour femmes communs	*Idem*	3,200.
Bas de coton pur autres pour femmes fins	*Idem*	8,000.
Bas de coton pur autres pour hommes communs	*Idem*	4,800.
Bas de coton pur autres pour hommes fins	*Idem*	8,000.
Bas de coton mélangé de soie	*Idem*	14,400.
Bas de laine Chaussettes	*Idem*	2,800.
Bas de laine autres	*Idem*	6,000.
Bas de lin Chaussettes communes	*Idem*	3,200.
Bas de lin Chaussettes fines	*Idem*	4,800.
Bas de lin autres pour enfans	*Idem*	5,000.
Bas de lin autres pour femmes communs	*Idem*	5,000.
Bas de lin autres pour femmes fins	*Idem*	10,000.
Bas de lin autres pour hommes communs	*Idem*	6,000.
Bas de lin autres pour hommes fins	*Idem*	12,000.
Bas de soie pure Chaussettes	*Idem*	16,000.
Bas de soie pure autres pour enfans	*Idem*	12,000.
Bas de soie pure autres pour femmes communs, fins	*Idem*	18,000.
Bas de soie pure autres pour hommes *de pezo*	*Idem*	36,000.
Bas de soie pure autres pour hommes autres	*Idem*	24,000.
Bas de soie mélangée de coton	*Idem*	14,400.
Bonnets *Barretes* de coton de peluche	*Idem*	2,400.
Bonnets *Barretes* de coton de tricot doubles	*Idem*	2,400.
Bonnets *Barretes* de coton de tricot simples	*Idem*	2,000.
Bonnets *Barretes* de laine de peluche doubles	*Idem*	4,000.
Bonnets *Barretes* de laine de peluche simples	*Idem*	3,000.
Bonnets *Barretes* de laine de tricot doubles	*Idem*	3,000.
Bonnets *Barretes* de laine de tricot simples	*Idem*	2,000.
Bonnets *Barretes* de soie doubles	*Idem*	9,600.
Bonnets *Barretes* de soie simples	*Idem*	6,000

MARCHANDISES.					UNITÉS.	ÉVALUATIONS.
						Reis.
Bonnets (*Suite*)	*Barret'nas*, de laine,	*de là*, pour soldats.			La pièce.	800.
		de pelo	pour femmes	*afun ladas*	*Idem*.	3,200.
				ornées	*Idem*.	5,000.
			pour officiers, à fonds large	de cuir	*Idem*.	6,400.
				autres	*Idem*.	5,200.
			pour soldats. (Comme *de là*.)			
		autres, pour femmes, sans *pelo*. (Comme de *pelo*.)				
	Nota. Pour les bonnets garnis de cordons ou autres ornemens, l'évaluation est augmentée de celle desdits cordons, suivant leur qualité.					
	Bones	de coton, communs			*Idem*.	800.
		de cuir			*Idem*.	800.
		de laine	de drap, pour militaires	galonnés d'or ou d'argent	*Idem*.	6,000.
				autres	*Idem*.	3,000.
			autres		*Idem*.	800.
		de lin	de toile cirée		*Idem*.	800.
		de peau	commune		*Idem*.	800.
			fine	ornés	*Idem*.	9,600.
				sans ornemens	*Idem*.	7,500.
		de soie	de velours	garnis	*Idem*.	6,000.
				unis	*Idem*.	3,000.
			autres		*Idem*.	2,000.
	Toucados	de toutes sortes, pour femmes, sans plumes			*Idem*.	12,000.
		Nota. Pour ceux ornés de plumes, il faut ajouter à l'évaluation du bonnet, celle des plumes, suivant leur qualité.				
		(Fonds de) de tulle brodé	en paille fine		*Idem*.	1,600.
			en perles ou paillettes		*Idem*.	4,000.
	Toucas	de coton	de mousseline brodée		*Idem*.	4,800.
			de percale brodée		*Idem*.	4,800.
			de tulle brodé		*Idem*.	2,400.
		de lin	de batiste brodée		*Idem*.	12,800.
			de dentelle		*Idem*.	16,000.
		de soie	*Retroz*		*Idem*.	3,200.
			Seda		*Idem*.	4.800.
		Nota. Ceux pour enfans sont évalués, suivant l'espèce, moitié des évaluations ci-dessus.				
		en coupons	de coton	de mousseline brodée	*Idem*.	2,400.
				de tulle	*Idem*.	1,000.
			de lin	de dentelle	*Idem*.	8,000.
			de soie	de tulle	*Idem*.	2,400.
		(Fonds de) en mousseline brodée			*Idem*.	2,000.
Bourses à cheveux					*Idem*.	1,200.
Bretelles	de coton	pur	communes		La douzaine.	1,800.
			fines		*Idem*.	3,800.
		mélangé de soie			*Idem*.	6,000.
	de lin mélangé de soie				*Idem*.	6,000.
	de peau	à ressort	doublées		*Idem*.	9,600.
			autres		*Idem*.	4,800.
		communes			*Idem*.	2,000.
	de soie	de velours			*Idem*.	18,000.
		autres	pure		*Idem*.	18,000.
			mélangée de coton ou de lin		*Idem*.	6,000.

MARCHANDISES.	UNITÉS.	ÉVALUATIONS.
		Reis.
Caleçons de coton-tricot courts	La pièce	900.
Caleçons de coton-tricot longs	*Idem*	1,200.
Caleçons de laine de flanelle	*Idem*	640.
Caleçons de laine de tricot. (Comme *de coton.*)		
Camisoles *Mandrioes* de batiste brodée	*Idem*	25,600.
Camisoles *Meios corpinhos*	*Idem*	4,000.
Canezous de coton de gaze	*Idem*	3,600.
Canezous de coton de mousseline d'Écosse	*Idem*	2,400.
Canezous de coton de mousseline autres	*Idem*	4,800.
Canezous de coton de tulle	*Idem*	2,000.
Canezous de lin de batiste brodée	*Idem*	10,000.
Canezous de lin de gaze. (Comme *de coton.*)		
Canezous de soie de satin	*Idem*	4,800.
Canezous de soie de tulle	*Idem*	6,000.
Canezous de soie de velours	*Idem*	9,600.
Capotes. (V. *Manteaux.*)		
Ceintures de coton ou laine, pour matelots	*Idem*	320.
Chanvre brut	La livre	60.
Chapeaux de baleine	La pièce	4,000.
Chapeaux de carton verni, à haute forme	*Idem*	800.
Chapeaux de coton, *de patente*	*Idem*	2,400.
Chapeaux de crin	*Idem*	4,000.
Chapeaux de cuir	*Idem*	3 000.
Chapeaux de laine de *lana de Braga*, ou façon de *Braga* pour enfans	*Idem*	400.
Chapeaux de laine de *lana de Braga*, ou façon de *Braga* autres communs	*Idem*	800.
Chapeaux de laine de *lana de Braga*, ou façon de *Braga* autres fins	*Idem*	1,200.
Chapeaux de laine *de pelo* pour enfans	*Idem*	2,000.
Chapeaux de laine *de pelo* pour femmes, avec ornemens	*Idem*	5,000.
Chapeaux de laine *de pelo* pour hommes d'uniforme	*Idem*	7,200.
Chapeaux de laine *de pelo* pour hommes autres communs	*Idem*	2,000.
Chapeaux de laine *de pelo* pour hommes autres fins	*Idem*	3,600.
Chapeaux de laine *de pelo* pour hommes autres superfins	*Idem*	6,400.
Chapeaux de paille *de palha* d'Angola très-communs	La douzaine	720.
Chapeaux de paille *de palhina* de Chili pour enfans	La pièce	3,200.
Chapeaux de paille *de palhina* de Chili pour hommes	*Idem*	6,000.
Chapeaux de paille *de palhina* autres pour enfans communs	*Idem*	1,000.
Chapeaux de paille *de palhina* autres pour enfans fins	*Idem*	2,000.
Chapeaux de paille *de palhina* autres pour hommes et femmes communs	*Idem*	2,000.
Chapeaux de paille *de palhina* autres pour hommes et femmes mi-fins	*Idem*	4,000.
Chapeaux de paille *de palhina* autres pour hommes et femmes fins	*Idem*	8,000.
Chapeaux de paille *de palhina* Fonds de). *Nota.* Les fonds et passes sont évalués comme les chapeaux entiers analogues, suivant leur grandeur et leur qualité.		
Chapeaux de plume	*Idem*	5,000.
Chapeaux de rognures de sapin, très-communs	*Idem*	400.
Chapeaux de soie de gaze	*Idem*	8,000.
Chapeaux de soie de peluche	*Idem*	3,200.
Chapeaux de soie de satin, de tulle (Comme *de gaze.*)		
Chapeaux de soie de velours, avec ornemens, pour femmes	*Idem*	10,000.
Chapeaux de soie autres	*Idem*	5,000.
Chapeaux autres couverts de toile cirée	*Idem*	3,200.
Chapeaux autres petits, pour modèles, de toute forme et qualité	*Idem*	1,200.

MARCHANDISES.				UNITÉS.	ÉVALUATIONS.
					Reis.
Chemises	de coton	d'indienne — *Riscado*		La pièce	560.
		de mousseline	communes	*Idem*	800.
			fines	*Idem*	2,000.
		de *murim*. (Comme *de mousseline*.)			
		de percale	brodées	*Idem*	4,000.
			autres. (Comme *de mousseline*.)		
		de tricot	de dessous, avec *pelo*	La douzaine	16,000.
			autres	*Idem*	12,000.
	de laine	de flanelle		*Idem*	14,400.
		de futaine		La pièce	800.
		de sérafine		*Idem*	800.
		de tricot. (V. *de tricot de coton*.)			
	de lin	de batiste	brodées	*Idem*	16,000.
			unies	*Idem*	9,600.
		de Bretagne		*Idem*	1,600.
		de Brim	communes	*Idem*	700.
			fines	*Idem*	1,600.
		d'*Esguiao*, fines		*Idem*	4,000.
		d'Irlande, fines		*Idem*	4,000.
		de pano		*Idem*	700.
		de zuarte		*Idem*	700.
		autres communes		*Idem*	560.
		Nota. Pour les chemises à jabots l'évaluation est augmentée comme suit :			
			communes	*Idem*	600.
			fines	*Idem*	1,200.
		Pour celles plissées sur la poitrine l'augmentation est de		*Idem*	2,000.
	Cols (de) pour hommes	en coton		*Idem*	320.
		en lin		*Idem*	640.
	Jabots	de coton, mousseline et percale		*Idem*	240.
		de lin, batiste	brodés	*Idem*	1,600.
			unis	*Idem*	1,000.
Chemisettes	de coton, de mousseline brodée			*Idem*	4,800.
	de lin, de batiste			*Idem*	12,000.
	de soie	de crêpe, *escomilha*		*Idem*	3,200.
		de gaze, *garça*		*Idem*	3,200.
		de tulle brodé		*Idem*	6,000.
Coeiros de toile cirée				*Idem*	1,000.
Coiffes	de fil, pour perruques			*Idem*	120.
	de soie moulinée ou plate			*Idem*	1,000.
	autres, pour la tête			*Idem*	240.
Collerettes	de batiste ou dentelle			*Idem*	10,000.
	de gaze			*Idem*	2,400.
	de mousseline	brodées		*Idem*	4,800.
		unies		*Idem*	2,400.
	de tulle. (Comme *de mousseline*.)				
Corsets				*Idem*	4,000.
Coton en rame	du Brésil			L'arrobe	2,000.
	de l'Inde			*Idem*	4,000.

MARCHANDISES.	UNITÉS.	ÉVALUATIONS.
		Reis.
Coussins … pour cravates	La pièce	240.
Coussins … pour épingles, brodés ou imprimés	*Idem*	1,200.
Coussins … pour épingles, unis	*Idem*	200.
Coussins … autres, de soie, unis, de velours	*Idem*	9,600.
Coussins … autres, de soie, unis, autres	*Idem*	4,800.
Coussins … autres, de soie, brodés, ornés. — Ils sont évalués 50 p. 0/0 en sus.		
Cravates … de coton, de mousseline	*Idem*	440.
Cravates … de coton, de percale	*Idem*	440.
Cravates … de coton, de velours	*Idem*	440.
Cravates … de cuir, commun, pour soldats	*Idem*	340.
Cravates … de cuir, verni, pour officiers	*Idem*	800.
Cravates … de *pellica*	*Idem*	440.
Cravates … de soie, de velours	*Idem*	1,000.
Cravates … de soie, autres	*Idem*	1,000.
Culottes … *Calça* … de coton, pur, d'indienne, *Chita*	*Idem*	1,000.
Culottes … *Calça* … de coton, pur, d'indienne, *Riscado*	*Idem*	640.
Culottes … *Calça* … de coton, pur, de *metim*, peint, rayé, uni	*Idem*	2,000.
Culottes … *Calça* … de coton, pur, de nankin, brodé	*Idem*	4,800.
Culottes … *Calça* … de coton, pur, de nankin, peint, rayé, uni	*Idem*	2,000.
Culottes … *Calça* … de coton, pur, de satinette, peinte, rayée, unie	*Idem*	2,000.
Culottes … *Calça* … de coton, pur, de tricot	*Idem*	3,200.
Culottes … *Calça* … de coton, pur, autre, grossier	*Idem*	640.
Culottes … *Calça* … de coton, pur, autre, fin, croisé	*Idem*	3,200.
Culottes … *Calça* … de coton, pur, autre, fin, uni, écru ou blanc	*Idem*	2,000.
Culottes … *Calça* … de coton, mélangé de soie, indienne *riscado*	*Idem*	3,200.
Culottes … *Calça* … de laine, d'alépine	*Idem*	2,500.
Culottes … *Calça* … de laine, de casimir	*Idem*	8,000.
Culottes … *Calça* … de laine, de drap, commun	*Idem*	1,200.
Culottes … *Calça* … de laine, de drap, fin	*Idem*	10,000.
Culottes … *Calça* … de laine, de molleton	*Idem*	1,200.
Culottes … *Calça* … de laine, de serge	*Idem*	2,500.
Culottes … *Calça* … de laine, de tricot	*Idem*	3,200.
Culottes … *Calça* … de lin et chanvre, *Brim*, commun	*Idem*	640.
Culottes … *Calça* … de lin et chanvre, *Brim*, autre, croisé	*Idem*	3,200.
Culottes … *Calça* … de lin et chanvre, *Brim*, autre, uni, écru ou blanc	*Idem*	2,000.
Culottes … *Calça* … de lin et chanvre, *Estopa*	*Idem*	640.
Culottes … *Calça* … de soie, pure, de tricot	*Idem*	16,000.
Culottes … *Calça* … de soie, pure, autre	*Idem*	3,200.
Culottes … *Calça* … de soie, mélangé de coton. (Comme *de coton mélangé.*)		
Culottes … *Calção* … de laine, de casimir	*Idem*	6,000.
Culottes … *Calção* … de laine, de drap	*Idem*	7,200.
Culottes … *Calção* … de peau-chamois ou daim	*Idem*	10,000.
Culottes … *Calção* … de soie-tricot	*Idem*	11,600.
Culottes … *Calção* … Coupons de) en tricot de soie, jusqu'à 2 covados	*Idem*	9,600.
Dentelles … *Pano* de lin *aberto* ou *Talagàge*	La vare	320.
Dentelles … *Renda* … de coton, commune	*Idem*	120.
Dentelles … *Renda* … de coton, fine	*Idem*	360.

MARCHANDISES.					UNITÉS.	ÉVALUATIONS.
						Reis.
Dentelles (*Suite*).	*Renda* (*Suite*).	de lin	de France ou façon de France	de 1 pouce	La vare	720.
				de 2 *idem*	*Idem*	1,200.
				de 3 *idem*	*Idem*	2,400.
				de 4 *idem*	*Idem*	4,000.
				de 5 *idem*	*Idem*	6,000.
				de 6 *idem*	*Idem*	8,000.
				de 7 *idem*	*Idem*	9,600.
				de 8 *idem*	*Idem*	11,200.
				de plus de 8 *idem*	*Idem*	12,800.
			de Portugal ou façon de Portugal	de 1 pouce	*Idem*	100.
				de 2 *idem*	*Idem*	200.
				de 3 *idem*	*Idem*	300.
				de 4 *idem*	*Idem*	480.
				de plus de 4 *idem*	*Idem*	720.
		de soie	*Retroz* noire de Portugal ou façon de Portugal	de 4 pouces	*Idem*	280.
				de 6 *idem*	*Idem*	480.
				de 12 *idem*	*Idem*	800.
				de 16 *idem*	*Idem*	1,200.
				de 20 *idem*	*Idem*	1,440.
				de 24 *idem*	*Idem*	2,000.
				Nota. Au-delà de 24 pouces le prix est réglé proportionnellement d'après les dernières évaluations.		
			Seda	de 2 pouces	*Idem*	300.
				de 3 *idem*	*Idem*	480.
				de 4 *idem*	*Idem*	640.
				de 5 *idem*	*Idem*	900.
				de 6 *idem*	*Idem*	1,120.
				de 7 *idem*	*Idem*	1,400.
				de 8 *idem*	*Idem*	1,600.
				de plus de 8 *idem*	*Idem*	2,000.
Draps de fil, de Bretagne, unis	avec garnitures	grands			La pièce	4,800.
		petits			*Idem*	3,200.
	autres	pour une personne			*Idem*	1,600.
		pour deux *idem*			*Idem*	2,400.
Étamines de flanelle, de coton ou de laine					*Idem*	640.
Éventails	de France	montés	en filigrane		*Idem*	20,000.
			en nacre de perle		*Idem*	6,000.
		autres	communs		La douzaine	3,600.
			fins		*Idem*	6,000.
	de l'Inde	de filigrane			La pièce	40,000.
		d'ivoire			*Idem*	20,000.
		de laque ou laqués			*Idem*	10,000.
		de nacre de perles			*Idem*	20,000.
		de papier, communs, vernis ou imprimés, montés en bambou ou autres bois			La douzaine	960.
	autres	d'ivoire, à jour ou unis			La pièce	4,000.
		de laque ou laqués			*Idem*	4,000.
		de papier	façon de l'Inde. (Comme *de l'Inde.*)			
			autres, montés en ivoire		*Idem*	4,000.
		de *pellica*	brodés ou peints, montés en bois ou en os		La douzaine	18,000.
			montés en ivoire		La pièce	4,000.
		de plumes			*Idem*	3,200.

MARCHANDISES.	UNITÉS.	ÉVALUATIONS.
		Reis.
Éventails — autres. (*Suite.*) — de soie — montés en ivoire	La pièce	4,000.
Éventails — autres. (*Suite.*) — de soie — autres — brodés	La douzaine	12,000.
Éventails — autres. (*Suite.*) — de soie — autres — unis ou peints	*Idem*	4,000.
Éventails — autres. (*Suite.*) — autres — montés — en métal, et couverts de toute espèce d'étoffes et de peintures	La pièce	6,000.
Éventails — autres. (*Suite.*) — autres — montés — en os, communs	La douzaine	3,600.
Éventails — autres. (*Suite.*) — autres — autres fins	*Idem*	6,000.
Fils — de coton — *Fio* — du Brésil	La livre	100.
Fils — de coton — *Fio* — étranger, commun	*Idem*	400.
Fils — de coton — *Linhas* à coudre — en pelotes de 8 à la boîte	La boîte	140.
Fils — de coton — *Linhas* à coudre — autre, en pelotes ou écheveaux	La livre	1,300.
Fils — de lin et de chanvre — *Fio* de vieille toile	*Idem*	480.
Fils — de lin et de chanvre — *Linhas* — à coudre — d'Angleterre	*Idem*	1,800.
Fils — de lin et de chanvre — *Linhas* — à coudre — de Portugal — de Guimarraëns, en petites boîtes ornées	La boîte	4,000.
Fils — de lin et de chanvre — *Linhas* — à coudre — de Portugal — autre — en paquets de 30 écheveaux	Le paquet	1,800.
Fils — de lin et de chanvre — *Linhas* — à coudre — de Portugal — autre — autre	La livre	1,800.
Fils — de lin et de chanvre — *Linhas* — à coudre — autre, façon anglaise ou portugaise. (Comme *d'Angleterre* et *de Portugal*.)		
Fils — de lin et de chanvre — *Linhas* — pour pêche, du Brésil	*Idem*	200.
Fils — de lin et de chanvre — *Linhas* — autre — sur bobines	La douzaine	600.
Fils — de lin et de chanvre — *Linhas* — autre — autre — de couleur ou écru, d'Angleterre ou de Portugal	La livre	1,000.
Fils — de lin et de chanvre — *Linhas* — autre — autre — autre, façon anglaise ou portugaise	*Idem*	1,000.
Fils — de *Tucum-Fio*	*Idem*	150.
Filets — *da Capitania*	La pièce	800.
Filets — de Saint-Paul, blancs ou de couleur — communs	*Idem*	3,000.
Filets — de Saint-Paul, blancs ou de couleur — fins	*Idem*	6,000.
Filets — autres de coton, blancs ou de couleur — communs	*Idem*	6,000.
Filets — autres de coton, blancs ou de couleur — fins	*Idem*	9,600.
Fleurs artificielles — de tissus de coton, de lin ou soie	L'once	600.
Fleurs artificielles — de papier, des Indes	100 en nombre	500.
Fleurs artificielles — de plumes	L'once	2,000.
Galons — de coton — pur — pour bords de bottes, en pièces, jusqu'à 30 vares	La pièce	800.
Galons — de coton — pur — autres — blancs, en paquets de 12 pièces de 12 vares, des n.os 13 à 60	Le paquet	850.
Galons — de coton — pur — autres — noirs, jusqu'à 1/2 pouce de large, de 25 à 30 vares	La pièce	160.
Galons — de coton — mélangé de laine, dits *Rosinhos*, jusqu'à 1/2 pouce de large, en paquets de 12 pièces de 25 vares	*Idem*	3,000.
Galons — de laine — pure, de couleur, en pièces jusqu'à 30 vares — jusqu'à 1/2 pouce	*Idem*	240.
Galons — de laine — pure, de couleur, en pièces jusqu'à 30 vares — de 1/2 pouce à 1 pouce	*Idem*	600.
Galons — de laine — pure, de couleur, en pièces jusqu'à 30 vares — de 1 pouce à 1 1/2 pouce	*Idem*	1,000.
Galons — de laine — mélangée. (Comme *de coton mélangé*.)		
Galons — de lin — pur — pour bords de bottes	*Idem*	800.
Galons — de lin — pur — autres — blancs, en paquets de 12 pièces de 12 vares	Le paquet	850.
Galons — de lin — pur — autres — rayés — n.o 30 en paq. de 12 pièc.	*Idem*	1,600.
Galons — de lin — pur — autres — rayés — n.o 45 *idem* de 9 *id.*	*Idem*	1,600.
Galons — de lin — pur — autres — rayés — n.o 60 *idem* de 6 *id.*	*Idem*	1,600.
Galons — de lin — pur — autres — rayés — n.o 80 *idem* de 4 *id.*	*Idem*	1,600.
Galons — de lin — mélangé de laine. (Comme de *coton mélangé de laine*.)		

MARCHANDISES.					UNITÉS.	ÉVALUATIONS.
						Rei.
Galons (*Suite*).	de soie.....	tissus pour garnitures.....	jusqu'à 3/4 de pouce		La vare.....	
			de 3/4 à 1 *idem*		*Idem*........	
			de 1 à 1 1/2 *idem*		*Idem*........	
			de 1 1/2 à 2 *idem*		*Idem*........	
			Nota. Les évaluations laissées en blanc sont omises dans la *pauta*.			
		autres.......	jusqu'à 1/2 pouce		*Idem*........	25.
			de 1/2 pouce à 1 *idem*		*Idem*........	50.
Gants........	de coton....	de percale...	courts		La douzaine...	2,400.
			longs		*Idem*........	3,600.
		de tricot			*Idem*........	2,400.
		de tulle			*Idem*........	2,000.
	de laine				*Idem*........	3,200.
	de lin.......	de batiste....	courts		*Idem*........	9,600.
			longs		*Idem*........	12,800.
		de tricot			*Idem*........	3,600.
	de peau.....	de castor....	courts		*Idem*........	4,000.
			longs		*Idem*........	8,000.
		de chamois..	courts		*Idem*........	4,000.
			longs		*Idem*........	8,000.
		de daim.....	pour militaires, avec poignets		*Idem*........	16,000.
			autres, courts		*Idem*........	6,000.
		de *pellica*....	courts		*Idem*........	4,000.
			longs		*Idem*........	8,000.
		autres pour escrime			La paire......	960.
	de soie......	de tulle.....	brodés		La douzaine...	6,400.
			unis ou façonnés		*Idem*........	4,800.
		autres......	courts		*Idem*........	6,000.
			longs		*Idem*........	9,600.
Garnitures.... (Modes.)	de coton....	*Entremeios*. (Entre-deux pour robes de mousseline brodée, jusqu'à 5 palmes de long.).....	de 2 pouces de large		La pièce.....	600.
			de 4 *idem*		*Idem*........	1,400.
			de 6 *idem*		*Idem*........	2,000.
			de 8 *idem*		*Idem*........	2,800.
			de 10 *idem*		*Idem*........	3,600.
			de plus de 10 *idem*		*Idem*........	4,000.
		Guarniçoes ornées, pour robes de femme			*Idem*........	2,800.
	de fleurs				L'once.......	2,000.
	de lin.......	de batiste....	*Entremeios*; 40 pour o/o de plus que celles de coton.			
			Guarniçoes. (Comme *de coton*.)			
		de dentelle			La pièce.....	32,000.
Gilets.......	*Colletes*.....	de coton....	brodés, de toute sorte		*Idem*........	3,200.
			autres......	de basin	*Idem*........	1,800.
				d'indienne	*Idem*........	640.
				autres	*Idem*........	1,800.
		de chamois			*Idem*.......	2,400.
		de laine.....	brodés en argent ou *matiz*		*Idem*........	10,000.
			autres......	de flanelle	*Idem*........	600.
				autre	*Idem*........	2,400.
		de lin. (Comme *de coton*.)				

MARCHANDISES.	UNITÉS.	ÉVALUATIONS.
		Reis.
Gilets. (*Suite.*) — *Collets.* (Suite) — de soie — brodés en argent ou *matiz*	La pièce	10,000.
Gilets. (*Suite.*) — *Collets.* (Suite) — de soie — autres — de tricot, pour mettre sous la chemise	*Idem*	6,000.
Gilets. (*Suite.*) — *Collets.* (Suite) — de soie — autres — de velours, pour hommes	*Idem*	4,800.
Gilets. (*Suite.*) — *Collets.* (Suite) — de soie — autres — autres	*Idem*	2,400.
Gilets. (*Suite.*) — *Collets.* (Suite) — Devants de — de coton. — Velours imprimé	*Idem*	1,200.
Gilets. (*Suite.*) — *Collets.* (Suite) — Devants de — de laine. — Cachemire	*Idem*	8,000.
Gilets. (*Suite.*) — *Collets.* (Suite) — Devants de — de soie. — Satin et autres, brodés en *matiz*, argent ou or.	*Idem*	10,000.
Gilets. (*Suite.*) — *Vestes* — de cuir	*Idem*	4,000.
Gilets. (*Suite.*) — *Vestes* — de soie, satin ou autres — brodés en argent ou *matiz*, riches	*Idem*	9,600
Gilets. (*Suite.*) — *Vestes* — de soie, satin ou autres — unis	*Idem*	2,400.
Habillemens et effets à usage. — *Casacas* fins	*Idem*	24,000.
Habillemens et effets à usage. — *Casaquinhas* de cheval avec jupes de *pano* — avec brandebourgs et autres ornemens	*Idem*	40,000.
Habillemens et effets à usage. — *Casaquinhas* de cheval avec jupes de *pano* — autres	*Idem*	36,000.
Habillemens et effets à usage. — Chemises, Culottes (Voir ces mots.)		
Habillemens et effets à usage. — *Fardas* de drap commun, pour soldats	*Idem*	4,000.
Habillemens et effets à usage. — *Fraques* — de coton	*Idem*	4,000.
Habillemens et effets à usage. — *Fraques* — de laine — de casinette	*Idem*	5,600.
Habillemens et effets à usage. — *Fraques* — de laine — de drap. (Comme *Casacas.*)		
Habillemens et effets à usage. — Gilets, Pantalons, Robes (Voir ces mots.)		
Hamacs. (Voir *Filets.*)		
Jarretières de soie. — élastiques	La douzaine	7,200.
Jarretières de soie. — autres	*Idem*	1,800.
Lin brut	La livre	80.
Manchons, petits, de velours	La paire	2,000.
Manteaux — *Capotes* — de laine — de camelot uni ou à carreaux écossais — pour enfans, jusqu'à 4 palmes	La pièce	4,000.
Manteaux — *Capotes* — de laine — de camelot uni ou à carreaux écossais — pour femmes et hommes	*Idem*	6,400.
Manteaux — *Capotes* — de laine — de drap — commun	*Idem*	4,800.
Manteaux — *Capotes* — de laine — de drap — fin — à bandes de velours	*Idem*	32,000.
Manteaux — *Capotes* — de laine — de drap — fin — autres	*Idem*	24,000.
Manteaux — *Capotes* — de laine — de futaine	*Idem*	4,800.
Manteaux — *Capotes* — de laine — de ratine. (Comme de *camelot.*)		
Manteaux — *Capotes* — de lin, de toile cirée — doublés de futaine	*Idem*	16,000.
Manteaux — *Capotes* — de lin, de toile cirée — autres	*Idem*	12,800.
Manteaux — *Croassas* de paille	La vare	1,200.
Manteaux — *Ponches* — de coton, grossiers	La pièce	3,000.
Manteaux — *Ponches* — de laine — de drap	*Idem*	16,000.
Manteaux — *Ponches* — de laine — autres, grossiers	*Idem*	3,000.
Mantes — de coton — pur — de gaze — jusqu'à 6 palmes	*Idem*	1,000.
Mantes — de coton — pur — de gaze — de 6 à 12 *idem*	*Idem*	2,400.
Mantes — de coton — pur — de gaze — de plus de 12 *idem*	*Idem*	3,600.
Mantes — de coton — pur — de *meiim* — jusqu'à 6 *idem*	*Idem*	800.
Mantes — de coton — pur — de *meiim* — de 6 à 12 *idem*	*Idem*	1,200.
Mantes — de coton — pur — de *meiim* — de plus de 12 *idem*	*Idem*	1,600.

MARCHANDISES.						UNITÉS.	ÉVALUATIONS.
							Reis.
Mantes. (*Suite.*)	de coton.... (*Suite.*)	pur. (*Suite.*)	de mousseline brodée....	en argent ou or	jusqu'à 6 palmes.....	La pièce.....	8,000.
					de 6 à 12 *idem*......	*Idem*........	20,000.
					de plus de 12 *idem*....	*Idem*........	28,000.
				autre, ou damassée.....	jusqu'à 6 palmes.....	*Idem*........	4,000.
					de 6 à 12 *idem*......	*Idem*........	12,000.
					de plus de 12 *idem*....	*Idem*........	16,000.
			de peluche...		jusqu'à 6 palmes................	*Idem*........	800.
					de 6 à 12 *idem*..................	*Idem*........	1,600.
					de plus de 12 *idem*..............	*Idem*........	2,000.
			de punto de malha imprimées.		jusqu'à 6 palmes..................	*Idem*........	2,400.
					de 6 à 12 *idem*..................	*Idem*........	4,800.
					de plus de 12 *idem*..............	*Idem*........	8,000.
		mélangé de soie...........			jusqu'à 6 palmes..................	*Idem*........	1,600.
					de 6 à 12 *idem*..................	*Idem*........	3,200.
					de plus de 12 *idem*..............	*Idem*........	4,000.
	de laine.....	pure.......	de cachemire		jusqu'à 6 palmes..................	*Idem*........	16,000.
					de 6 à 12 *idem*..................	*Idem*........	50,000.
					de plus de 12 *idem*..............	*Idem*........	80,000.
			autre.......	imprimée....	jusqu'à 6 palmes.....	*Idem*........	2,000.
					de 6 à 12 *idem*......	*Idem*........	6,000.
					de plus de 12 *idem*...	*Idem*........	7,200.
				tissue......	jusqu'à 6 *idem*......	*Idem*........	4,800.
					de 6 à 12 *idem*......	*Idem*........	9,600.
					de plus de 12 *idem*....	*Idem*........	12,800.
		mélangée de soie...........			jusqu'à 6 palmes..................	*Idem*........	3,600.
					de 6 à 12 *idem*..................	*Idem*........	6,400.
					de plus de 12 *idem*..............	*Idem*........	8,000.
	de lin, de batiste brodée..................				jusqu'à 6 palmes..................	*Idem*........	12,000.
					de 6 à 12 *idem*..................	*Idem*........	30,000.
					de plus de 12 *idem*..............	*Idem*........	50,000.
	de soie......	pure........	de crêpe. — *Touquim*.	brodé en argent ou or, ou de couleur....	jusqu'à 6 palmes.....	*Idem*........	4,000.
					de 6 à 12 *idem*......	*Idem*........	9,600.
					de plus de 12 *idem*....	*Idem*........	16,000.
				damassé ou uni	jusqu'à 6 *idem*......	*Idem*........	2,400.
					de 6 à 12 *idem*......	*Idem*........	4,800.
					de plus de 12 *idem*...	*Idem*........	6,400.
			de gaze. (V. *de coton.*)				
			de peluche...		jusqu'à 6 palmes..................	*Idem*........	1,600.
					de 6 à 12 *idem*..................	*Idem*........	4,000.
					de plus de 12 *idem*..............	*Idem*........	6,000.
			de punto de malha. (Comme *de coton*.)				
			de tulle brodé ou uni....		jusqu'à 6 palmes..................	*Idem*........	4,800.
					de 6 à 12 *idem*..................	*Idem*........	10,000.
					de plus de 12 *idem*..............	*Idem*........	16,000.
			autre.......		jusqu'à 6 *idem*..................	*Idem*........	2,000.
					de 6 à 12 *idem*..................	*Idem*........	4,000.
					de plus de 12 *idem*..............	*Idem*........	6,000.
		mélangée de coton et de laine. (V. *de coton* et *de laine mélangés.*)					
Mantilles à l'espagnole. (Comme *Mantes.*)							
Matelas de crin ou de laine....	grands..................................					*Idem*........	20,000.
	petits..................................					*Idem*........	12,000.

MARCHANDISES.	UNITÉS.	ÉVALUATIONS.
		Reis.
Mousticaires de *lò* ou de tulle de coton — grandes	La pièce	24,000.
Mousticaires de *lò* ou de tulle de coton — petites	*Idem*	16,000.
Oiseaux de paradis	*Idem*	4,800.
Ombrelles, pour femmes	*Idem*	4,800.
Paille — (Couvertures de) *Cobertas* de la Chine, de l'Inde ou de Mozambique — grandes	*Idem*	4,000.
Paille — (Couvertures de) *Cobertas* de la Chine, de l'Inde ou de Mozambique — petites	*Idem*	2,000.
Paille — autre, pour chapeaux — commune — pour carcasses — en morceaux	Le morceau	100.
Paille — autre, pour chapeaux — commune — pour carcasses — en pièces	Le covado	100.
Paille — autre, pour chapeaux — commune — autre, dite treillis	*Idem*	700.
Paille — autre, pour chapeaux — fine	*Idem*	2,000.
Pantalons — confectionnés. (V. Culottes. — *Calça.*)		
Pantalons — en coupons — de tricot, de coton ou laine	Le coupon	1,920.
Pantalons — en coupons — de soie, jusqu'à 3 covados	*Idem*	14,400.
Parapluies — à la chinoise, de papier gommé	La pièce	800.
Parapluies — autres — dans une canne	*Idem*	12,000.
Parapluies — autres — autres — de percale	*Idem*	1,600.
Parapluies — autres — autres — de soie	*Idem*	7,500.
Parapluies — autres — autres — de toile écrue de Hollande	*Idem*	2,000.
Parasols. (Comme *Parapluies.*)		
Peignoirs — de coton	*Idem*	2,400.
Peignoirs — de lin — de batiste	*Idem*	19,200.
Peignoirs — de lin — autres	*Idem*	2,400.
Pelottes. (V. *Coussins pour épingles.*)		
Rabats de prêtres	*Idem*	640.
Redingotes — *Robiçoes* pour femmes, de coton et soie	*Idem*	20,000.
Redingotes — *Sobrecazacas* de laine — de camelot	*Idem*	10,000.
Redingotes — *Sobrecazacas* de laine — de drap	*Idem*	30,000.
Redingotes — *Sobrecazacas* de laine — de ratine	*Idem*	14,000.
Redingotes — *Sobrecazacas* de laine — autres. (Comme *de camelot.*)		
Rideaux de damas, pour porte — avec franges	*Idem*	30,000.
Rideaux de damas, pour porte — sans franges	*Idem*	22,000.
Robes — *Becas* de magistrats, brodées	*Idem*	60,000.
Robes — *Japonas* de chambre, de toute sorte	*Idem*	3,200.
Robes — *Vestidos* en coupons — de coton — de calicot — commun, brodé, damassé, tissu en blanc ou de couleur	*Idem*	1,200.
Robes — *Vestidos* en coupons — de coton — de calicot — mi-fin, *idem*	*Idem*	2,400.
Robes — *Vestidos* en coupons — de coton — de calicot — fin, *idem*	*Idem*	3,600.
Robes — *Vestidos* en coupons — de coton — *de Escorcia.* (Comme *de calicot.*)		
Robes — *Vestidos* en coupons — de coton — de gaze — blanche ou de couleur, unie, brodée, tissue ou brodée avec bandes	*Idem*	6,000.
Robes — *Vestidos* en coupons — de coton — de gaze — autre, riche	*Idem*	12,000.
Robes — *Vestidos* en coupons — de coton — d'indienne — *Chita* — bleue, avec bordure	*Idem*	800.
Robes — *Vestidos* en coupons — de coton — d'indienne — *Chita* — écarlate de France, ou façon de France	*Idem*	3,200.
Robes — *Vestidos* en coupons — de coton — d'indienne — *Chita* — d'autres couleurs — communes	*Idem*	1,000.
Robes — *Vestidos* en coupons — de coton — d'indienne — *Chita* — d'autres couleurs — fines	*Idem*	1,800.
Robes — *Vestidos* en coupons — de coton — d'indienne — *Riscado* avec bordure — commune	*Idem*	800.
Robes — *Vestidos* en coupons — de coton — d'indienne — *Riscado* avec bordure — fine	*Idem*	1,200.

MARCHANDISES.							UNITÉS.	ÉVALUATIONS.
								Reis.
Robes. — *Vestidos.* (*Suite.*)	en coupons. (*Suite.*)	de coton. (*Suite.*)	de mousseline	de l'Inde ou façon de l'Inde	avec bordure façonnée, tissue ou brodée en blanc ou en couleur,	commune.....	La pièce......	6,000.
						mi-fine........	*Idem*.........	12,000.
						fine..........	*Idem*.........	20,000.
					brodée en argent ou or,	commune.....	*Idem*.........	12,000.
						fine..........	*Idem*.........	24,000.
						surfine........	*Idem*.........	48,000.
				autre.......	peinte......	commune.....	*Idem*.........	1,200.
						fine..........	*Idem*.........	2,400.
					autre. (Comme *de calicot.*)			
			de murceline façonnée..........................				*Idem*.........	1,500.
			de percale	brodée superfine..........................			*Idem*.........	6,000.
				façonnée..........................			*Idem*.........	1,500.
				autre. (Comme *de calicot.*)				
			de tulle. (Comme *de calicot.*)					
		de laine.	de flanelle..........................				*Idem*.........	1,200.
			autres...	de cachemire.	brodées en argent ou or.......		*Idem*.........	200,000.
					autres....................		*Idem*.........	120,000.
				autres, façon cachemire......	communes.....		*Idem*.........	16,000.
					fines..........		*Idem*.........	28,000.
		de lin...	de batiste brodée..................		commune.....		*Idem*.........	30,000.
					fine..........		*Idem*.........	60,000.
			de dentelle de France..........................				*Idem*.........	120,000.
		de soie..	de crêpe. — *Touquim*...	brodé......	en argent ou or.		*Idem*.........	30,000.
					en *matiz*.......		*Idem*.........	16,000.
				damassé....................			*Idem*.........	10,000.
			de gaze. (Comme *de gaze de coton.*)					
			de satin..	brodé.......	en argent et or	à queue.......	*Idem*.........	64,000.
						autres.........	*Idem*.........	40,000.
					autre.......	à queue.......	*Idem*.........	30,000.
						autres.........	*Idem*.........	20,000.
				façonné, à bordures....................			*Idem*.........	8,400.
			de tulle brodé	en argent ou or	faux.......	à queue.......	*Idem*.........	36,000.
						autres.........	*Idem*.........	24,000.
					fins........	à queue.......	*Idem*.........	60,000.
						autres.........	*Idem*.........	40,000.
				en blanc ou de couleur......		à queue.......	*Idem*.........	20,000.
						autres.........	*Idem*.........	14,000.
	confectionnées. — En sus de l'évaluation du coupon et de la garniture............						*Idem*.........	3,200.
	taillées. — En sus de l'évaluation du coupon et de la garniture..................						*Idem*.........	1,200.
	Manches de)......	de coton..........................					La paire......	1,200.
		de soie..........................					*Idem*.........	2,000.
Rubans de paille, pour garnitures de chapeaux......	en pièces....	jusqu'à 1 pouce de large.......					La vare......	200.
		de 1 à 2 *idem*..............					*Idem*.........	400.
		de 2 à 3 *idem*..............					*Idem*.........	800.
	autres, avec glands..........................						La pièce......	4,000.

MARCHANDISES.			UNITÉS.	ÉVALUATIONS.
				Reis.
Rubans de soie, en pièces de 25 vares de long	de crêpe. — *Fumo*	jusqu'à 1/4 de pouce de large	La pièce	560.
		de 1/2 *idem*	*Idem*	800.
		de 3/4 *idem*	*Idem*	1,000.
		de 7/8 *idem*	*Idem*	1,200.
		de 1 *idem*	*Idem*	1,600.
		de 1 1/4 *idem*	*Idem*	2,000.
		de 1 1/2 *idem*	*Idem*	2,400.
		de 2 *idem*	*Idem*	4,800.
		de 2 1/2 *idem*	*Idem*	6,000.
		de plus de 2 1/2 *idem*	*Idem*	8,000.
	de gaze unie ou façonnée. (Comme *de crêpe*.)			
	de taffetas uni ou façonné, de toute couleur	jusqu'à 1/2 pouce	*Idem*	300.
		de 3/4 *idem*	*Idem*	600.
		de 1 *idem*	*Idem*	1,200.
		de 1 1/4 *idem*	*Idem*	1,600.
		de 1 1/2 *idem*	*Idem*	2,400.
		de 2 *idem*	*Idem*	2,880.
		de 2 1/2 *idem*	*Idem*	3,600.
		de plus de 2 1/2 *idem*	*Idem*	4,800.
	de satin lustré. (Comme *de crêpe*.)			
	de velours ou veloutés, unis, façonnés, de toute couleur	jusqu'à 1/2 pouce	*Idem*	1,000.
		de 3/4 *idem*	*Idem*	1,600.
		de 1 *idem*	*Idem*	2,000.
		de 1 1/4 *idem*	*Idem*	2,500.
		de 1 1/2 *idem*	*Idem*	3,000.
		de 2 *idem*	*Idem*	3,600.
		de plus de 2 *idem*	*Idem*	6,000.
	autres… pour décorations (*habito*), ou pour ceintures, de toute couleur.	jusqu'à 1/2 pouce	*Idem*	2,400.
		de 1 *idem*	*Idem*	3,600.
		de 1 1/2 *idem*	*Idem*	4,800.
		de 2 *idem*	*Idem*	8,400.
		de 2 1/2 *idem*	*Idem*	12,000.
		de 3 *idem*	*Idem*	18,000.
		de plus de 3 *idem*	*Idem*	24,000.
	autres… de toute sorte, tissus en argent ou or		La vare	4,000.
Nota. Les rubans coupés en ceintures doivent être évalués d'après le nombre de vares, selon l'espèce à laquelle ils appartiennent.				
Sacs	de l'Inde, très-communs		La pièce	160.
	autres, contenant 5 arrobes		*Idem*	280.
Scapulaires			*Idem*	100.
Soie moulinée.	d'Italie		La livre	12,000.
	autre		*Idem*	6,000.
Souliers (Quartiers de) en soie, pour femmes			La paire	800.
Surplis	de coton	brodés, ou avec dentelles	La pièce	20,000.
		unis	*Idem*	4,000.
	de lin	brodés, ou avec dentelles	*Idem*	30,000.
		unis	*Idem*	10,000.
Tabliers	de mousseline de toute sorte		*Idem*	1,800.
	de soie brodée		*Idem*	4,800.
	de toile cirée, de 3 à 4 palmes		*Idem*	1,200.
Taies d'oreiller de Bretagne, et autres tissus de lin			*Idem*	1,200.

	MARCHANDISES.	UNITÉS.	ÉVALUATIONS.
			Reis.
Tissus de coton.	Alépine mélangée de soie unie — jusqu'à 3 palmes	Le covado	400.
	Alépine mélangée de soie unie — de 3 à 4 *idem*	*Idem*	560.
	Alépine mélangée de soie unie — de plus de 4 *idem*	*Idem*	800.
	Basin — *Fustao* — piqué — commun	*Idem*	400.
	Basin — *Fustao* — piqué — fin	*Idem*	800.
	Basin — *Fustao* — autre — commun	*Idem*	120.
	Basin — *Fustao* — autre — fin — 1.re qualité — façonné	*Idem*	360.
	Basin — *Fustao* — autre — fin — 1.re qualité — uni	*Idem*	300.
	Basin — *Fustao* — autre — fin — autre	*Idem*	200.
	Basin — *Metim*, blanc ou imprimé — commun	*Idem*	200.
	Basin — *Metim*, blanc ou imprimé — fin	*Idem*	360.
	Batiste	La pièce	2,500.
	Birolas	Le covado	120.
	Boralhos	La pièce	1,200.
	Brim pur ou mélangé de lin	La vare	500.
	Cadeaz	Le covado	120.
	Chilas / Coromandel (Comme *Cadeaz*.)		
	Couvertures — *Cobertas* — pures — de France, ou façon de France — jusqu'à 9 palmes	La pièce	4,000.
	Couvertures — *Cobertas* — pures — de France, ou façon de France — de plus de 9 *idem*	*Idem*	8,000.
	Couvertures — *Cobertas* — pures — de l'Inde — communes — de *Balagate*	*Idem*	1,[illegible]00.
	Couvertures — *Cobertas* — pures — de l'Inde — communes — de *Damao* ou *Paly*	*Idem*	1,000.
	Couvertures — *Cobertas* — pures — de l'Inde — communes — de *Patna*	*Idem*	1,600.
	Couvertures — *Cobertas* — pures — de l'Inde — fines — grandes	*Idem*	8,000.
	Couvertures — *Cobertas* — pures — de l'Inde — fines — petites	*Idem*	4,000.
	Couvertures — *Cobertas* — pures — de Portugal — communes	*Idem*	1,000.
	Couvertures — *Cobertas* — pures — de Portugal — mi-fines	*Idem*	2,000.
	Couvertures — *Cobertas* — pures — de Portugal — fines	*Idem*	4,000.
	Couvertures — *Cobertas* — pures — autres — de basin *fustao*	*Idem*	8,000.
	Couvertures — *Cobertas* — pures — autres — d'indienne — en morceaux	*Idem*	2,400.
	Couvertures — *Cobertas* — pures — autres — d'indienne — autre	*Idem*	1,000.
	Couvertures — *Cobertas* — pures — autres — de mousseline, ouvrée ou unie	*Idem*	4,800.
	Couvertures — *Cobertas* — pures — autres — de marceline	*Idem*	8,000.
	Couvertures — *Cobertas* — mélangées de lin et de soie — jusqu'à 9 palmes	*Idem*	12,000.
	Couvertures — *Cobertas* — mélangées de lin et de soie — de plus de 9 *idem*	*Idem*	16,000.
	Nota. Les *cobertas* damassées ou piquées sont évaluées 25 p. o/o en sus des évaluations ci-dessus.		
	Couvertures — *Cobertores* mélangées de lin, piquées, damassées — jusqu'à 9 palmes	*Idem*	9,000.
	Couvertures — *Cobertores* mélangées de lin, piquées, damassées — de plus de 9 *idem*	*Idem*	12,000.
	Couvertures — *Mantas* pour lits, communes, blanches ou rayées	*Idem*	9,000.
	Dentelles. (V. *ce mot*.)		
	Duqueza (Cotepalie), ou *escorcia* mélangée de soie, peinte, tissue de toute couleur — jusqu'à 4 palmes	Le covado	300.
	Duqueza (Cotepalie), ou *escorcia* mélangée de soie, peinte, tissue de toute couleur — de plus de 4 *idem*	*Idem*	400.
	Fafuliz (Comme *Cadeaz*.)		
	Gaze (V. *Tissus de soie*. — *Gaze*.)		
	Indiennes. — *Chitas* — de Portugal, ou façon de Portugal — bleues	*Idem*	200.
	Indiennes. — *Chitas* — de Portugal, ou façon de Portugal — d'autres couleurs — étroites	*Idem*	200.
	Indiennes. — *Chitas* — de Portugal, ou façon de Portugal — d'autres couleurs — larges	*Idem*	240.
	Indiennes. — *Chitas* — de France, ou façon de France, écarlates — étroites	*Idem*	320.
	Indiennes. — *Chitas* — de France, ou façon de France, écarlates — larges	*Idem*	450.
	Indiennes. — *Chitas* — autres, de toute qualité — étroites	*Idem*	200.
	Indiennes. — *Chitas* — autres, de toute qualité — larges	*Idem*	350.

MARCHANDISES.	UNITÉS.	ÉVALUATIONS.
		Reis.
Tissus de coton. (*Suite.*) — Indiennes. (*Suite.*) — *Riscado* — pures — communes — jusqu'à 3 1/2 palmes	Le covado	140.
— — — — — de 3 1/2 à 6 *idem*	*Idem*	200.
— — — — fines — jusqu'à 3 1/2 *idem*	*Idem*	180.
— — — — — de 3 1/2 à 6 *idem*	*Idem*	240.
— — — — autres — jusqu'à 4 *idem*	*Idem*	300.
— — — — — de 4 à 6 *idem*	*Idem*	480.
— — — mélangées ou *Escossezes*. (V. *Tissus de laine. — Escossezes.*)		
Irlandes — jusqu'à 3 palmes de large	La vare	160.
— de plus de 3 *idem*	*Idem*	180.
Linhas de Surate — étroites	La pièce	640.
— larges	*Idem*	1,000.
Longuins. (Comme *Cadeaz*.)		
Madapolams — communs — jusqu'à 3 palmes de large	La vare	140.
— — de 3 à 4 *idem*	*Idem*	160.
— fins — jusqu'à 3 palmes de large	*Idem*	180.
— — de 3 à 4 *idem*	*Idem*	200.
Metim. (V. *Basin*.) *Nota*. Ils doivent être évalués non sur l'évaluation des étiquettes, mais sur la qualité réelle des pièces.		
Mouchoirs — à tabac — de France, ou façon de France	La douzaine	4,800.
— — de l'Inde — *A cobaca*	*Idem*	4,800.
— — — Paliacate	*Idem*	9,600.
— — autres — communs	*Idem*	1,800.
— — — fins	*Idem*	3,600.
— — — mi-fins	*Idem*	2,400.
— autres — d'indienne fond blanc ou de couleur — jusqu'à 28 pouces	*Idem*	2,400.
— — — de 28 à 32 *idem*	*Idem*	3,600.
— — de mousseline — d'Écosse — brodés ou façonnés	*Idem*	4,000.
— — — — unis	*Idem*	3,000.
— — — de l'Inde — brodés — en argent et or	La pièce	8,000.
— — — — — autres	La douzaine	30,000.
— — — — imprimés	*Idem*	6,000.
— — — — à vignettes — blanches ou tissues, fins	*Idem*	24,000.
— — — — — blanches ou de couleur, communs	*Idem*	9,600.
— — — autres — dits *marotinhos*, imprimés ou à vignettes tissues, — jusqu'à 20 pouces	*Idem*	1,500.
— — — — — de 20 à 28 pouces, communs	*Idem*	2,400.
— — — — — de 20 à 28 pouces, fins	*Idem*	3,600.
— — — — — de 28 à 32 pouces, communs	*Idem*	3,600.
— — — — — de 28 à 32 pouces, fins	*Idem*	5,000.
— — — — autres damassés ou tissus, façon de l'Inde	*Idem*	12,000.
— — de peluche	La pièce	600.
— — de percale. (Comme de *mousseline*.)		
— — de tulle, brodés, façonnés, unis, jusqu'à 32 pouces	La douzaine	1,920.
Nota. Pour les mouchoirs à trois pointes, les évaluations ci-dessus sont diminuées du tiers. Pour les mouchoirs mélangés, voir *Tissus de soie. — Mouchoirs.*		
Mousseline — d'Écosse — brodée — jusqu'à 4 palmes	La vare	700.
— — — de plus de 4 *idem*	*Idem*	800.
— — façonnée ou unie — jusqu'à 4 palmes — commune	*Idem*	240.
— — — — fine	*Idem*	400.
— — — de plus de 4 palmes — commune	*Idem*	300.
— — — — fine	*Idem*	450.

BIBLIOTHÈQUE IMPÉR.

MARCHANDISES.	UNITÉS.	ÉVALUATIONS.
		Reis.
Tissus de coton. (*Suite.*) — Mousseline. (*Suite.*) — de France ou façon de France, — brodée très-fine — jusqu'à 4 palmes	La vare	1,500.
— — — brodée très-fine — de plus de 4 palmes	*Idem*	1,800.
— — — façonnée, tissue à jour, blanche ou de couleur — jusqu'à 4 palmes	*Idem*	500.
— — — façonnée, tissue à jour, blanche ou de couleur — de plus de 4 palmes	*Idem*	800.
— — de l'Inde — commune — blanche, *Beirams*, *Garazes*, &c.	*Idem*	160.
— — de l'Inde — commune — à carreaux, à raies	*Idem*	1,600.
— — de l'Inde — commune — transparente — brodée — en argent ou or	*Idem*	3,000.
— — de l'Inde — commune — transparente — brodée — autre	*Idem*	2,400.
— — de l'Inde — commune — transparente — unie	*Idem*	1,400.
— — de l'Inde — fine — blanche, *Aliabades*, *Sanas*, *Tandacks*.	*Idem*	220.
— — de l'Inde — fine — à carreaux, à raies	*Idem*	2,000.
— — de l'Inde — fine — transparente — brodée — en argent ou or	*Idem*	6,000.
— — de l'Inde — fine — transparente — brodée — autre	*Idem*	4,000.
— — de l'Inde — fine — transparente — unie	*Idem*	3,000.
— — autre — brodée — en bandes de 5 palmes de long — de 2 pouces de large	La bande	600.
— — autre — brodée — en bandes de 5 palmes de long — de 4 *idem*	*Idem*	1,400.
— — autre — brodée — en bandes de 5 palmes de long — de 6 *idem*	*Idem*	2,000.
— — autre — brodée — en bandes de 5 palmes de long — de 8 *idem*	*Idem*	2,800.
— — autre — brodée — en bandes de 5 palmes de long — de 10 *idem*	*Idem*	3,600.
— — autre — brodée — en bandes de 5 palmes de long — de plus de 10 *idem*	*Idem*	4,000.
— — autre — brodée — autre — jusqu'à 4 palmes, — commune	La vare	300.
— — autre — brodée — autre — jusqu'à 4 palmes, — fine	*Idem*	700.
— — autre — brodée — autre — de plus de 4 palmes, — commune	*Idem*	400.
— — autre — brodée — autre — de plus de 4 palmes, — fine	*Idem*	800.
— — autre — façonnée — à carreaux, à raies, — jusqu'à 4 palmes, — commune	*Idem*	240.
— — autre — façonnée — à carreaux, à raies, — jusqu'à 4 palmes, — fine	*Idem*	400.
— — autre — façonnée — à carreaux, à raies, — de plus de 4 palmes, — commune	*Idem*	300.
— — autre — façonnée — à carreaux, à raies, — de plus de 4 palmes, — fine	*Idem*	500.
— — autre — façonnée — tissue à jour, blanche ou de couleur — jusqu'à 4 palmes	*Idem*	240.
— — autre — façonnée — tissue à jour, blanche ou de couleur — de plus de 4 *idem*	*Idem*	320.
— — autre — unie — transparente — jusqu'à 4 palmes, — commune	*Idem*	240.
— — autre — unie — transparente — jusqu'à 4 palmes, — fine	*Idem*	600.
— — autre — unie — transparente — jusqu'à 4 palmes, — mi-fine	*Idem*	450.
— — autre — unie — transparente — de plus de 4 palmes, — commune	*Idem*	300.
— — autre — unie — transparente — de plus de 4 palmes, — fine	*Idem*	700.
— — autre — unie — transparente — de plus de 4 palmes, — mi-fine	*Idem*	500.
— — autre — unie — autre, blanche — commune	*Idem*	160.
— — autre — unie — autre, blanche — fine	*Idem*	220.
— *Murcelina* façonnée, jusqu'à 3 palmes	Le covado	280.
— *Murim* — de l'Inde	La vare	800.
— *Murim* — autre — commun	*Idem*	280.
— *Murim* — autre — fin	*Idem*	440.
Nota. Même observation que pour les Madapolams.		
— *Nankinas.* (Comme *Cadeaz.*)		
— Nankin — pur — bleu en pièces de 14 covados	La pièce	1,800.
— Nankin — pur — écarlate. — 30 p. c/o en sus des évaluations indiquées pour les autres espèces.		
— Nankin — pur — jaune ou blanc, en pièces — de 7 covados	*Idem*	800.
— Nankin — pur — jaune ou blanc, en pièces — de 10 *idem*	*Idem*	1,200.
— Nankin — pur — rayé ou *rapoes*. (V. *Nankinette.*)		
— Nankin — mélangé de soie, jusqu'à 3 palmes	Le covado	250.

MARCHANDISES.		UNITÉS.	ÉVALUATIONS.
			Reis.
Tissus de coton. (*Suite*)	Nankinette.. de peluche	Le covado....	360.
	Nankinette, autre, de couleur, jusqu'à 2 palmes de large	*Idem*	120.
	Nankinette, autre, de couleur, de 2 à 3 *idem*	*Idem*	160.
	Nankinette, autre, de couleur, de plus de 3 *idem*	*Idem*	240.
	Nappes..... façonnées et damassées, jusqu'à 12 palmes	La nappe	2,400.
	Nappes, façonnées et damassées, de 12 à 20 *idem*	*Idem*	4,000.
	Nappes, façonnées et damassées, de 20 à 30 *idem*	*Idem*	8,000.
	Nappes, façonnées et damassées, de 30 à 40 *idem*	*Idem*	12,000.
	Nappes, façonnées et damassées, de plus de 40 *idem*	*Idem*	16,000.
	Nappes, unies, brodées, imprimées... jusqu'à 12 palmes	*Idem*	1,400.
	Nappes, unies, brodées, imprimées... de 12 à 20 *idem*	*Idem*	3,000.
	Pano....... *de Bahes*	La pièce.....	1,500.
	Pano, pour nègres	*Idem*	1,200.
	Pano, autre, écru, du pays	La vare......	90.
	Pano, autre, écru, autres, jusqu'à 4 palmes	*Idem*	180.
	Pano, autre, écru, autres, de plus de 4 *idem*	*Idem*	280.
	Pano, autre, façonné, pour nappes, jusqu'à 3 palmes	*Idem*	250.
	Pano, autre, façonné, pour nappes, de 3 à 6 *idem*	*Idem*	500.
	Pano, autre, façonné, pour nappes, de 6 à 9 *idem*	*Idem*	800.
	Pano, autre, façonné, pour nappes, de 9 à 12 *idem*	*Idem*	1,000.
	Pano, autre, rayé, façon de Brésil	*Idem*	240.
	Peluche	Le covado....	600.
	Percale..... brodée, à points de dentelle fine, jusqu'à 6 palmes	La vare......	600.
	Percale, façonnée, à carreaux, à jour.. commune	*Idem*	350.
	Percale, façonnée, à carreaux, à jour.. fine	*Idem*	560.
	Percale, autre, de couleur... jusqu'à 3 palmes	Le covado....	100.
	Percale, autre, de couleur... de 3 à 6 *idem*	*Idem*	180.
	Percale, autre, en pièces de 10 vares, commune... jusqu'à 3 1/2 palmes	La pièce.....	2,000.
	Percale, autre, en pièces de 10 vares, commune... de 3 1/2 à 6 *idem*	*Idem*	2,800.
	Percale, autre, en pièces de 10 vares, commune... de 6 à 8 *idem*	*Idem*	5,000.
	Percale, autre, en pièces de 10 vares, fine... jusqu'à 3 1/2 *idem*	*Idem*	3,000.
	Percale, autre, en pièces de 10 vares, fine... de 3 1/2 à 6 *idem*	*Idem*	4,200.
	Percale, autre, en pièces de 10 vares, fine... de 6 à 8 *idem*	*Idem*	5,000.
	Picotes mélangées, jusqu'à 4 palmes	Le covado....	280.
	Platilles.... étroites, jusqu'à 3 palmes	La vare......	160.
	Platilles, larges, de plus de 3 *idem*	*Idem*	180.
	Rapao (V. *Nankinette de couleur.*)		
	Riscados (V. *Indiennes.*)		
	Satinette blanche ou de couleur	Le covado....	300.
	Schalls..... d'indienne écarlate de France ou façon de France, de 4 1/8 à 5 1/2 palmes	La douzaine...	14,400.
	Schalls, d'indienne écarlate de France ou façon de France, de 5 1/2 à 6 1/2 *idem*	*Idem*	16,800.
	Schalls, d'indienne écarlate de France ou façon de France, de plus de 6 1/2 *idem*	*Idem*	19,200.
	Schalls, de flanelle, de 4 1/8 à 6 palmes	*Idem*	1,400.
	Schalls, de flanelle, de plus de 6 *idem*	*Idem*	1,800.
	Schalls, de mousseline, de l'Inde ou façon de l'Inde, brodée, en argent ou or	La pièce.....	25,600.
	Schalls, de mousseline, de l'Inde ou façon de l'Inde, brodée, en blanc ou en couleur	*Idem*	12,000.
	Schalls, de mousseline, autre, brochée en argent ou or faux, en laine, ou soie, de 4 1/2 à 5 1/8 palmes	La douzaine...	7,200.
	Schalls, de mousseline, autre, brochée en argent ou or faux, en laine, ou soie, de 5 1/2 à 6 1/2 *idem*	*Idem*	9,600.
	Schalls, de mousseline, autre, brochée en argent ou or faux, en laine, ou soie, de plus de 6 1/2 *idem*	*Idem*	14,400.
	Schalls, de mousseline, autre, brochée en coton. (Comme *unie.*)		
	Schalls, de mousseline, autre, unie, blanche, imprimée, brochée en coton, de 4 1/8 à 5 1/2 palmes	*Idem*	6,000.
	Schalls, de mousseline, autre, unie, blanche, imprimée, brochée en coton, de 5 1/2 à 6 1/2 *idem*	*Idem*	7,200.
	Schalls, de mousseline, autre, unie, blanche, imprimée, brochée en coton, de plus de 6 1/2 *idem*	*Idem*	9,600.

MARCHANDISES.					UNITÉS.	ÉVALUATIONS.
						Reis.
Tissus de coton. (*Suite.*)	Schalls..... (*Suite.*)	de peluche................	de 4 1/8 à 6 palmes		La douzaine..	1,400.
			de plus de 6 *idem*		*Idem*	1,800.
		de percale, de calicot ou de *metim.* (Comme *de mousseline.*)				
		de tulle	de 4 1/8 à 6 1/2 palmes		*Idem*	4,800.
			de plus de 6 1/2 *idem*		*Idem*	6,000.
	Nota. Pour les schal's à 3 pointes, les évaluations sont diminuées du tiers.					
	Serviettes....	*Guardanapos*	communes		*Idem*	1,200.
			fines		*Idem*	2,880.
		Toalhas para maos damassées ou façonnées,	jusqu'à 6 palmes		La pièce	800.
			de 6 à 8 *idem*		*Idem*	1,200.
			de 8 à 10 *idem*		*Idem*	1,600.
	Tapis, jusqu'à 4 palmes de large				Le covado	450.
	Tricot				*Idem*	500.
	Tulle.......	façon de soie.	brodé		*Idem*	800.
			uni		*Idem*	600.
		gommé, pour fonds de chapeaux			*Idem*	400.
		autre.......	brodé ou façonné		La vare	300.
			uni		*Idem*	200.
	Velours.....	*Belbutes*.....	étroits		Le covado	240.
			larges		*Idem*	360.
		Belbutinas....	étroits		*Idem*	360.
			larges		*Idem*	400.
	Voiles......	de gaze brodée ou appliquée..	jusqu'à 3 palmes		La pièce	1,000.
			de 3 à 5 *idem*		*Idem*	1,800.
			de 5 à 8 *idem*		*Idem*	2,400.
		de mousseline brodée........	jusqu'à 3 palmes		*Idem*	800.
			de 3 à 5 *idem*		*Idem*	1,600.
			de 5 à 8 *idem*		*Idem*	2,400.
		de tulle brodé..............	jusqu'à 3 palmes		*Idem*	600.
			de 3 à 5 *idem*		*Idem*	1,000.
			de 5 à 8 *idem*		*Idem*	1,600.
	autres à voiles	*Brim* mélangé de fil			La vare	500.
		Lona jusqu'à 3 palmes			*Idem*	400.
Tissus de laine.	Alépine.....	étroite, jusqu'à 3 palmes			Le covado	400.
		large			*Idem*	900.
	Bouracan....	*Durante*.....	cramoisi, écarlate, rose......	façonné	*Idem*	300.
				uni	*Idem*	300.
			d'autres couleurs	façonné	*Idem*	240.
				uni	*Idem*	240.
		Duraque.....	jusqu'à 2 1/2 palmes de large		*Idem*	560.
			de plus de 2 1/2 *idem*		*Idem*	1,000.
	Bure				*Idem*	200.
	Cachemire, en pièces.......	étroit			*Idem*	10,000.
		large			*Idem*	16,000.
	Camelot jusqu'à 3 palmes....	rayé ou à carreaux			*Idem*	360.
		uni			*Idem*	320.
	Casimirs....	communs			*Idem*	600.
		mi-fins			*Idem*	1,050.
		fins et surfins			*Idem*	1,500.
	Cassinette...	façonnée ou imprimée, pour gilets.—*Colletes*,	commune		*Idem*	600.
			fine		*Idem*	1,200.
		unie.......	de *listas*, pour culottes. — *Calcas*		*Idem*	600.
			autre		*Idem*	400.

MARCHANDISES.				UNITÉS.	EVALUATIONS.
					Reis.
Tissus de laine (*Suite*). Couvertures.	*Cobertores*.	doublées, dites *de papa*, ou imitées	jusqu'à 8 palmes	La pièce	3,500.
			de 8 à 9 *idem*	*Idem*	4,500.
			de plus de 9 *idem*	*Idem*	5,600.
		simples	jusqu'à 8 palmes	*Idem*	1,200.
			de 8 à 9 *idem*	*Idem*	1,800.
			de plus de 9 *idem*	*Idem*	2,200.
	Mantas blanches ou de couleur			*Idem*	1,200.
Crêpe	jusqu'à 1 palme de large			Le covado	200.
	de 1 à 2 *idem*			*Idem*	300.
	de 2 à 3 *idem*			*Idem*	600.
	de plus de 3 *idem*			*Idem*	720.
Damas				*Idem*	800.
Draps	très-communs			*Idem*	600.
	communs			*Idem*	1,200.
	fins			*Idem*	3,200.
	mi-fins			*Idem*	2,000.
	superfins			*Idem*	6,000.
Nota. Les mêmes qualités écarlates sont évaluées 25 p. c/o en sus des évaluations ci-dessus. Pour être assujetis à ces évaluations, les draps ne doivent pas passer, largeur moyenne, 3 palm. 1/2 de large.					
Droguet	de France			*Idem*	500.
	autre	de castor		*Idem*	300.
		de roi		*Idem*	300.
Escossezes	purs	jusqu'à 3 palmes		*Idem*	360.
		de plus de 3 *idem*		*Idem*	420.
	mélangés	de coton (Comme *purs*).			
		de soie		*Idem*	440.
Estofo jusqu'à 2 palmes 1/2				*Idem*	300.
Estopa jusqu'à 3 palmes				*Idem*	160.
Étamine	jusqu'à 3 palmes de large			*Idem*	280.
	de plus de 3 *idem*			*Idem*	400.
Filele				*Idem*	240.
Flanelle	mouchetée	jusqu'à 4 palmes		*Idem*	360.
		de plus de 4 *idem*		*Idem*	650.
	autre	jusqu'à 4 *idem*		*Idem*	280.
		de plus de 4 *idem*		*Idem*	560.
Futaine	*colxeste*			*Idem*	650.
	de couleur, y compris celle à enveloppe	écarlate et rose		*Idem*	500.
		autre		*Idem*	450.
	lustrée	écarlate		*Idem*	650.
		autre		*Idem*	550.
	de pelo			*Idem*	650.
Mélanie nuancée				*Idem*	440.
Mérinos				*Idem*	2,400.
Molleton de couleur	écarlate			*Idem*	1,100.
	autre			*Idem*	800.

MARCHANDISES.	UNITÉS.	ÉVALUATIONS.
		Reis.
Tissus de laine (*Suite*).		
Mouchoirs — de cachemire, jusqu'à 28 pouces	La pièce	20,000.
Mouchoirs — *de malha* de France ou façon de France — brodés en argent ou or	La douzaine	18,000.
Mouchoirs — *de malha* de France ou façon de France — unis, peints ou brochés en argent, or ou *maça* — jusqu'à 28 pouces	*Idem*	9,600.
Mouchoirs — *de malha* de France ou façon de France — unis, peints ou brochés en argent, or ou *maça* — de 28 à 32 *idem*	*Idem*	14,400.
Mouchoirs — autres — brodés et tissus — jusqu'à 28 pouces	La pièce	2,500.
Mouchoirs — autres — brodés et tissus — de 28 à 32 *idem*	*Idem*	3,200.
Mouchoirs — autres — façonnés, peints — jusqu'à 28 pouces	La douzaine	18,000.
Mouchoirs — autres — façonnés, peints — de 28 à 32 *idem*	*Idem*	30,000.
Peluche	Le covado	600.
Ratine — jusqu'à 3 palmes de large	*Idem*	360.
Ratine — de 3 à 4 *idem*	*Idem*	440.
Saragosse. — Cet article est évalué, suivant la qualité, comme les draps.		
Satin turc, façonné ou uni — jusqu'à 2 palmes 1/2	*Idem*	560.
Satin turc, façonné ou uni — de plus de 2 palmes 1/2	*Idem*	800.
Schalls — de cachemire de l'Inde — communs, de 4 à 5 palmes 1/2	La pièce	50,000.
Schalls — de cachemire de l'Inde — fins, de plus de 5 palmes 1/2 *idem*	*Idem*	80,000.
Schalls — de casimir, peints ou unis	*Idem*	2,400.
Schalls — de crêpe — de 4 1/8 à 6 palmes	*Idem*	2,000.
Schalls — de crêpe — de plus de 6 *idem*	*Idem*	3,200.
Schalls — de mérinos, façonnés et brochés — de 4 1/8 à 5 1/2 palmes	*Idem*	4,000.
Schalls — de mérinos, façonnés et brochés — de 5 1/2 à 6 1/2 *idem*	*Idem*	5,000.
Schalls — de mérinos, façonnés et brochés — de plus de 6 1/2 *idem*	*Idem*	6,000.
Schalls — autres — communs, façonnés ou brochés — de 4 1/8 à 5 1/2 *idem*	*Idem*	2,400.
Schalls — autres — communs, façonnés ou brochés — de plus de 5 1/2 *idem*	*Idem*	3,600.
Schalls — autres — fins, façon cachemire — boiteux — de 4 1/2 à 5 1/2 *idem*	*Idem*	10,000.
Schalls — autres — fins, façon cachemire — boiteux — de 5 1/2 à 6 *idem*	*Idem*	12,000.
Schalls — autres — fins, façon cachemire — boiteux — de plus de 6 *idem*	*Idem*	10,000.
Nota. L'évaluation de 10,000 reis assignée aux schals de plus de 6 palmes, est évidemment fautive. Il faut probablement lire 16,000 reis.		
Schalls — autres — fins, façon cachemire — autres — de 4 1/8 à 5 1/2 *idem*	*Idem*	6,000.
Schalls — autres — fins, façon cachemire — autres — de 5 1/2 à 6 *idem*	*Idem*	8,000.
Schalls — autres — fins, façon cachemire — autres — de plus de 6 *idem*	*Idem*	10,000.
Nota. Pour les schalls à trois pointes, les évaluations ci-dessus sont diminuées du tiers.		
Sérafine — de couleur	Le covado	300.
Sérafine — autre, façonnée, imprimée, peinte jusqu'à 4 palmes	*Idem*	480.
Serge — *Saeta* de couleur — écarlate, gros rouge, rose	*Idem*	360.
Serge — *Saeta* de couleur — autre	*Idem*	320.
Serge — *Sarja* — jusqu'à 3 palmes	*Idem*	320.
Serge — *Sarja* — de 3 à 4 *idem*	*Idem*	560.
Serge — *Sarja* — de plus de 4 *idem*	*Idem*	700.
Tapis — *Alcatifas* — pour descente de lit ou de canapé, jusqu'à 9 palmes de long — avec bordure ou frange — jusqu'à 4 palm. de large	La pièce	2,000.
Tapis — *Alcatifas* — pour descente de lit ou de canapé, jusqu'à 9 palmes de long — avec bordure ou frange — de 4 *idem*	*Idem*	4,000.
Tapis — *Alcatifas* — pour descente de lit ou de canapé, jusqu'à 9 palmes de long — avec bordure ou frange — de plus de 4 *idem*	*Idem*	6,000.
Tapis — *Alcatifas* — pour descente de lit ou de canapé, jusqu'à 9 palmes de long — sans bordure, avec frange	*Idem*	3,200.
Tapis — *Alcatifas* — autres	Le covado	1,350.
Tapis — *Oleados* de table, en drap ou futaine — jusqu'à 5 palmes	*Idem*	1,200.
Tapis — *Oleados* de table, en drap ou futaine — de 5 à 8 *idem*	*Idem*	2,000.
Tricot	*Idem*	720.
autres en bordures pour garnitures — de 2 pouces de large	La vare	320.
autres en bordures pour garnitures — de 3 *idem*	*Idem*	440.
autres en bordures pour garnitures — de 4 *idem*	*Idem*	560.
autres en bordures pour garnitures — de plus de 4 *idem*	*Idem*	960.

MARCHANDISES.	UNITÉS.	ÉVALUATIONS.
		Reis.
Tissus de lin et de chanvre. — Batiste, brodée, en pièces	La vare	1,600.
Tissus de lin et de chanvre. — Batiste, brodée, en bandes. — Elles sont évaluées 40 pour o/o en sus des bandes de mousseline. (V. *Tissus de coton*, *Mousseline*, *autre brodée en bandes*.)		
Tissus de lin et de chanvre. — Batiste, unie, en pièces de 6 vares	La pièce	16,000.
Tissus de lin et de chanvre. — Bretagnes, en pièce de 6 vares, françaises, étroites	*Idem*	3,600.
Tissus de lin et de chanvre. — Bretagnes, en pièce de 6 vares, françaises, larges	*Idem*	4,800.
Tissus de lin et de chanvre. — Bretagnes, en pièce de 6 vares, autres, étroites	*Idem*	2,400.
Tissus de lin et de chanvre. — Bretagnes, en pièce de 6 vares, autres, larges	*Idem*	3,600.
Tissus de lin et de chanvre. — *Brim* (Cretonne), pur, croisé, écru ou blanc, commun	La vare	480.
Tissus de lin et de chanvre. — *Brim* (Cretonne), pur, croisé, écru ou blanc, fin	*Idem*	850.
Tissus de lin et de chanvre. — *Brim* (Cretonne), pur, autre, à voiles. (V. *autres à voiles*.)		
Tissus de lin et de chanvre. — *Brim* (Cretonne), pur, autre, autre, étroit, commun, jusq. 26 pouc.	*Idem*	220.
Tissus de lin et de chanvre. — *Brim* (Cretonne), pur, autre, autre, étroit, fin, jusqu'à 28 *idem*	*Idem*	400.
Tissus de lin et de chanvre. — *Brim* (Cretonne), pur, autre, autre, large, commun	*Idem*	320.
Tissus de lin et de chanvre. — *Brim* (Cretonne), pur, autre, autre, large, fin	*Idem*	780.
Tissus de lin et de chanvre. — *Brim* (Cretonne), mélangé de coton	*Idem*	500.
Tissus de lin et de chanvre. — Couvertures. *Cobertas* et *cobertores* mélangées de coton. (V. couvertures de coton *Cobertas* et *cobertores*.)		
Tissus de lin et de chanvre. — Crée commune, cirée	*Idem*	300.
Tissus de lin et de chanvre. — Crée commune, autre, jusqu'à 3 palmes de large	*Idem*	220.
Tissus de lin et de chanvre. — Crée commune, autre, de 3 à 4 *idem*	*Idem*	300.
Tissus de lin et de chanvre. — Dentelles. (V. *ce mot*.)		
Tissus de lin et de chanvre. — *Esguiao*	*Idem*	1,200.
Tissus de lin et de chanvre. — *Fineza*. (V. *Lilas de France*.)		
Tissus de lin et de chanvre. — *Hollanda*, de France ou façon de France, fine	*Idem*	600.
Tissus de lin et de chanvre. — *Hollanda*, autre, écrue	Le covado	160.
Tissus de lin et de chanvre. — Irlandes, communes	La vare	600.
Tissus de lin et de chanvre. — Irlandes, fines	*Idem*	1,200.
Tissus de lin et de chanvre. — *Lilas*, d'Angleterre	Le covado	250.
Tissus de lin et de chanvre. — *Lilas*, de France (1)	*Idem*	700.
(1) *Nota*. Cette évaluation est celle portée à la page 23 de la *Pauta*. A la page 26, les lilas de France ou *Fineza* sont évalués, le covado, 720 reis.		
Tissus de lin et de chanvre. — Linons, en pièces de 6 vares	La pièce	5,000.
Tissus de lin et de chanvre. — Mouchoirs, à tabac. (V. *Tissus de coton*. — *Mouchoirs*.)		
Tissus de lin et de chanvre. — Mouchoirs, autres, de batiste, brodée	Le mouchoir	4,000.
Tissus de lin et de chanvre. — Mouchoirs, autres, de batiste, unie, à bordure tissue ou peinte	*Idem*	1,600.
Tissus de lin et de chanvre. — Mouchoirs, autres, autres, communs	La douzaine	4,800.
Tissus de lin et de chanvre. — Mousseline, brodée	La vare	2,000.
Tissus de lin et de chanvre. — Mousseline, unie ou façonnée, commune, jusqu'à 4 palmes	*Idem*	480.
Tissus de lin et de chanvre. — Mousseline, unie ou façonnée, commune, de plus de 4 *idem*	*Idem*	600.
Tissus de lin et de chanvre. — Mousseline, unie ou façonnée, fine, jusqu'à 4 palmes	*Idem*	800.
Tissus de lin et de chanvre. — Mousseline, unie ou façonnée, fine, de plus de 4 *idem*	*Idem*	1,000.
Tissus de lin et de chanvre. — Nappes, de Guimarraës ou façon de Guimarraës, damassées, communes, jusqu'à 10 palmes	La nappe	4,000.
Tissus de lin et de chanvre. — Nappes, de Guimarraës ou façon de Guimarraës, damassées, communes, de 10 à 15 *idem*	*Idem*	6,000.
Tissus de lin et de chanvre. — Nappes, de Guimarraës ou façon de Guimarraës, autres, jusqu'à 12 palmes	*Idem*	2,400.
Tissus de lin et de chanvre. — Nappes, de Guimarraës ou façon de Guimarraës, autres, de 12 à 20 *idem*	*Idem*	4,000.
Tissus de lin et de chanvre. — Nappes, autres, communes, jusqu'à 20 palmes	*Idem*	9,000.
Tissus de lin et de chanvre. — Nappes, autres, communes, de 20 à 25 *idem*	*Idem*	12,000.
Tissus de lin et de chanvre. — Nappes, autres, fines, jusqu'à 10 palmes	*Idem*	6,000.
Tissus de lin et de chanvre. — Nappes, autres, fines, de 10 à 15 *idem*	*Idem*	10,000.
Tissus de lin et de chanvre. — Nappes, autres, fines, de 15 à 20 *idem*	*Idem*	16,000.
Tissus de lin et de chanvre. — Nappes, autres, fines, de 20 à 25 *idem*	*Idem*	20,000.
Tissus de lin et de chanvre. — Nappes, autres, fines, de 25 à 30 *idem*	*Idem*	30,000.
Tissus de lin et de chanvre. — Nappes, autres, fines, de plus de 30 *idem*	*Idem*	40,000.

MARCHANDISES.	UNITÉS.	ÉVALUATIONS.
		Reis.
Tissus de lin et de chanvre (*Suite*).		
Panos, *de Bahes*	La pièce	1,500.
Panos, autres, communs, mesurant en pouces, jusqu'à 25 pouces	La vare	300.
— de 25 à 29 *idem*	*Idem*	400.
— de 29 à 33 *idem*	*Idem*	500.
— de 33 à 36 *idem*	*Idem*	780.
— de 36 à 40 *idem*	*Idem*	1,000.
— de 40 à 60 *idem*	*Idem*	1,280.
Panos, autres, communs, mesurant en palmes, jusqu'à 3 palmes	*Idem*	360.
— de 3 à 6 *idem*	*Idem*	800.
— de 6 à 9 *idem*	*Idem*	1,200.
— de 9 à 12 *idem*	*Idem*	1,600.
Panos, autres, fins, jusqu'à 3 palmes	*Idem*	540.
— de 3 à 6 *idem*	*Idem*	1,200.
— de 6 à 9 *idem*	*Idem*	1,800.
— de 9 à 12 *idem*	*Idem*	2,400.
Peluche	Le covado	600.
Riscado. (V. *autres, rayés pour matelas.*)		
Rouens ou platilles, communs	La vare	300.
— fins	*Idem*	400.
Serpillières et toiles d'emballage, *Aniages* ou *Conguelas*, communes, jusqu'à 26 pouces de large	*Idem*	220.
— fines	*Idem*	300.
Serpillières et toiles d'emballage, *Canhamaço*, commune	*Idem*	200.
Serviettes, *Guardanapos*, communes	La douzaine	2,880.
— fines, damassées	*Idem*	7,200.
— fines, autres	*Idem*	4,800.
Serviettes, *Toalhas de mao*, de batiste brodée	La pièce	19,200.
Talagage. (V. *Dentelles.— Pano.*)		
Tré. (V. *autres, rayés, pour matelas.*)		
Zuartes, communes	Le covado	150.
— fines	*Idem*	200.
autres, cirés, Coiffes de chapeaux	*Idem*	450.
— cirés, Tapis, de pied	La palme carrée	120.
— cirés, Tapis, de table, jusqu'à 4 palmes	Le covado	400.
— cirés, Tapis, de table, de 4 à 6 *idem*	*Idem*	600.
autres, rayés, à matelas, jusqu'à 4 palmes	La vare	500.
— de 4 à 6 *idem*	*Idem*	800.
— de plus de 6 *idem*	*Idem*	960.
autres, rayés, autres, jusqu'à 3 1/2 *idem*	Le covado	200.
— de 3 1/2 à 6 *idem*	*Idem*	320.
— de plus de 6 *idem*	*Idem*	400.
autres, à voiles, *Brim* de Russie et autres, étroit, jusqu'à 30 vares	La pièce	10,000.
— large, de plus de 30 *id.*	*Idem*	12,000.
autres, à voiles, *Lonas*, d'Angleterre, de 22 pouces de large	*Idem*	12,000.
— d'Angleterre, de plus de 22 *idem*	*Idem*	16,800.
— de l'Inde	*Idem*	9,000.
— de Russie ou façon de Russie	*Idem*	18,000.
Tissus de soie.		
Alépine mélangée de soie. (V. *Tissus de coton, Alépine.*)		
Bofetazes	La vare	240.
Bombasine	Le covado	200.
Couvertures, de Damas	La pièce	45,000.
— de satin brodé, en argent ou or	*Idem*	100,000.
— de satin brodé, en *matiz*	*Idem*	80,000.

MARCHANDISES.	UNITÉS.	ÉVALUATIONS.
		Reis.
Tissus de soie. (*Suite.*) — Crêpe — *Escomilha* — d'argent ou d'or faux, broché ou uni, jusqu'à 3 palmes de large	Le covado	1,800.
autre	*Idem*	360.
Touquim	*Idem*	1,200.
Damas de toute largeur — brodé — en or	*Idem*	10,000.
en soie	*Idem*	4,800.
autre	*Idem*	1,800.
Dentelles. (V. Dentelles. — *Renda.*)		
Gala	*Idem*	500.
Gaze — *Garça* — brodée en argent, ou or	*Idem*	1,200.
unie, damassée, ou façonnée — jusqu'à 3 palmes	*Idem*	480.
de 3 à 4 *idem*	*Idem*	720.
de 4 à 5 *idem*	*Idem*	900
Volante — jusqu'à 2 1/2 palmes	*Idem*	300.
de 2 1/2 à 4 *idem*	*Idem*	500.
Gourgouran — jusqu'à 2 1/2 palmes de large	*Idem*	1,800.
de 2 1/2 à 3 1/2 *idem*	*Idem*	2,400.
Gros de Naples. (V. *Nobreza.*)		
Lévantine de France, ou façon de France	*Idem*	400.
Lhama pour ornemens — d'argent ou d'or, uni	*Idem*	4,000.
autre, broché ou tissu, avec feuilles d'or, riche	*Idem*	18,000.
Lim	*Idem*	280.
Lô — brodé en argent ou or — faux	*Idem*	800.
fins	*Idem*	4,000.
autre, de l'Inde	*Idem*	240.
Lustrine — brodée. (V. *Lhama.*)		
autre — jusqu'à 2 1/2 palmes de large	*Idem*	480.
de plus de 2 1/2 *idem*	*Idem*	600.
Moire, jusqu'à 3 palmes	*Idem*	500.
Mouchoirs purs — de France, ou façon de France — de *malha*, unis, imprimés — brodés en argent ou or	La douzaine	18,000.
estampés en argent ou or — jusqu'à 28 pouces	*Idem*	9,600.
de 28 à 32 *idem*	*Idem*	14,400.
de satin façonné, sergé	*Idem*	16,800.
de l'Inde — de Bengale, dits *Cassibazar*, de 7 à la pièce	La pièce	8,400.
autres — dits *de sarcaneta*	La douzaine	9,600.
de satin façonné, sergé	*Idem*	16,800.
de Portugal, ou façon de Portugal, noirs ou d'autres couleurs	*Idem*	9,600.
autres — de crêpe — *Escomilha*, jusqu'à 32 pouces	*Idem*	12,000.
Touquim — brodé	La pièce	4,000.
uni ou damassé	*Idem*	2,500.
de gaze, jusqu'à 32 pouces	La douzaine	12,000.
de peluche, à bordure	La pièce	8,000.
de satin / de serge (V. *de France.*)		
de tulle — brodé d'argent ou d'or, jusqu'à 32 pouces	*Idem*	3,600.
autre — jusqu'à 28 pouces	*Idem*	2,000.
jusqu'à 32 *idem*	*Idem*	3,000.

MARCHANDISES.						UNITÉS.	ÉVALUATIONS.
							Reis.
Tissus de soie. (*Suite.*)	Mouchoirs... (*Suite.*)	purs	de velours (*Veludilho*) estampé			La pièce	12,000.
			autres	façon de l'Inde	*Cassibazar*	*Idem*	5,600.
					Sarçaneta	*Idem*	9,600.
					autres de satin, façonnés, sergés	*Idem*	16,000.
				autres unis		*Idem*	9,600.
		mélangés de coton				La douzaine	6,000.
	Nota. Pour les mouchoirs à trois pointes, les évaluations ci-dessus sont diminuées du tiers.						
	Naussim					Le covado	1,500.
	Nobreza	jusqu'à 3 palmes de large				*Idem*	600.
		de 3 à 4 *idem*				*Idem*	900.
		de 4 à 5 *idem*				*Idem*	1,200.
	Pékin	façonné ou imprimé				*Idem*	1,000.
		uni	jusqu'à 3 palmes de large			*Idem*	600.
			de 3 à 4 *idem*			*Idem*	900.
			de plus de 4 *idem*			*Idem*	1,200.
	Peluche					*Idem*	800.
	Sarçaneta de l'Inde					*Idem*	700.
	Satin	de Nankin, jusqu'à 40 pouces				*Idem*	2,000.
		autre	brodé ou tissu en argent ou or.	jusqu'à 20 pouces		*Idem*	2,000.
				de plus de 20 *idem*		*Idem*	2,800.
			uni ou façonné	double	jusqu'à 20 pouces	*Idem*	1,300.
					de 20 à 30 *idem*	*Idem*	1,500.
				simple, jusqu'à 20 *idem*		*Idem*	700.
	Schalls	de crêpe. — *Touquim*	brodé en argent, or ou soie			La pièce	16,000.
			damassé ou uni			*Idem*	6,000.
		de gaze	*Garça*	de 4 1/8 à 5 1/2 palmes		*Idem*	4,500.
				de 5 1/2 à 6 1/2 *idem*		*Idem*	6,000.
				de plus de 6 1/2 *idem*		*Idem*	8,000.
			Volante	de 4 1/8 à 6 palmes		*Idem*	2,000.
				de plus de 6 *idem*		*Idem*	3,200.
		de peluche	de 4 1/8 à 6 palmes			*Idem*	9,600.
			de plus de 6 *idem*			*Idem*	19,200.
		de *ponto de malha*, unis ou imprimés	de 4 1/2 à 5 1/2 palmes			*Idem*	3,600.
			de 5 1/2 à 6 1/2 *idem*			*Idem*	4,800.
			de plus de 6 1/2 *idem*			*Idem*	7,200.
		de satin	de 4 1/8 à 5 1/2 palmes			*Idem*	4,500.
			de 5 1/2 à 6 1/2 *idem*			*Idem*	6,000.
			de plus de 6 1/2 *idem*			*Idem*	8,000.
		de tulle brodé	de 4 1/8 à 5 1/2 palmes			*Idem*	6,000.
			de 5 1/2 à 6 1/2 *idem*			*Idem*	8,000.
			de plus de 6 1/2 *idem*			*Idem*	10,000.
		de velours	de 4 à 6 palmes			*Idem*	14,400.
			de plus de 6 *idem*			*Idem*	32,000.
		autres	brodés en or, avec bande de *matiz*	de 4 1/2 à 5 1/2 palmes		*Idem*	80,000.
				de plus de 5 1/2 *idem*		*Idem*	120,000.
			autres	de 4 1/2 à 5 1/2 palmes		*Idem*	4,500.
				de 5 1/2 à 6 1/2 *idem*		*Idem*	6,000.
				de plus de 6 1/2 *idem*		*Idem*	8,000.

Nota. Pour les schalls à trois pointes, les évaluations ci-dessus sont diminuées du tiers.

MARCHANDISES.	UNITÉS.	ÉVALUATIONS.
		Reis.
Tissus de soie. (*Suite.*) — Serge — *Sarja* — brodée ou tissue en argent et or	Le covado	2,000.
Tissus de soie. (*Suite.*) — Serge — *Sarja* — autre — double, jusqu'à 20 pouces	*Idem*	1,200.
Tissus de soie. (*Suite.*) — Serge — *Sarja* — autre — simple, façonnée ou unie — jusqu'à 20 pouces	*Idem*	800.
Tissus de soie. (*Suite.*) — Serge — *Sarja* — autre — simple, façonnée ou unie — de 20 à 30 *idem*	*Idem*	1,200.
Tissus de soie. (*Suite.*) — Serge — *Sarja* — autre — simple, façonnée ou unie — de 30 à 36 *idem*	*Idem*	1,400.
Tissus de soie. (*Suite.*) — Serge — *Seda sarjada* — jusqu'à 20 pouces	*Idem*	800.
Tissus de soie. (*Suite.*) — Serge — *Seda sarjada* — de 20 à 30 *idem*	*Idem*	1,400.
Tissus de soie. (*Suite.*) — Taffetas — à carreaux, ou rayé, de couleur, jusqu'à 25 pouces	*Idem*	600.
Tissus de soie. (*Suite.*) — Taffetas — autre — jusqu'à 2 palmes	*Idem*	320.
Tissus de soie. (*Suite.*) — Taffetas — autre — de 2 à 2 1/2 *idem*	*Idem*	450.
Tissus de soie. (*Suite.*) — Taffetas — autre — de 2 1/2 à 3 *idem*	*Idem*	560.
Tissus de soie. (*Suite.*) — Tricot double	*Idem*	4,800.
Tissus de soie. (*Suite.*) — Tulle — appliqué, façonné	*Idem*	1,000.
Tissus de soie. (*Suite.*) — Tulle — brodé — en argent ou or	*Idem*	6,000.
Tissus de soie. (*Suite.*) — Tulle — brodé — autre	*Idem*	3,000.
Tissus de soie. (*Suite.*) — Tulle — uni	*Idem*	500.
Tissus de soie. (*Suite.*) — Velours — *Veludo*	*Idem*	3,000.
Tissus de soie. (*Suite.*) — Velours — *Veludilho*	*Idem*	2,400.
Tissus de soie. (*Suite.*) — Voiles de tulle brodé — jusqu'à 3 palmes	La pièce	1,600.
Tissus de soie. (*Suite.*) — Voiles de tulle brodé — de 3 à 4 *idem*	*Idem*	2,400.
Tissus de soie. (*Suite.*) — Voiles de tulle brodé — de 4 à 5 *idem*	*Idem*	4,800.
Tissus de soie. (*Suite.*) — Voiles de tulle brodé — de 5 à 6 *idem*	*Idem*	6,000.
Tissus de soie. (*Suite.*) — Voiles de tulle brodé — de 6 à 7 *idem*	*Idem*	7,200.
Tissus de soie. (*Suite.*) — Voiles de tulle brodé — de 7 à 8 *idem*	*Idem*	9,600.
Tissus de soie. (*Suite.*) — autres.—*Sedas* — façonnés — jusqu'à 20 pouces	Le covado	700.
Tissus de soie. (*Suite.*) — autres.—*Sedas* — façonnés — de 20 à 25 *idem*	*Idem*	800.
Tissus de soie. (*Suite.*) — autres.—*Sedas* — façonnés — de 25 à 30 *idem*	*Idem*	1,000.
Tissus de soie. (*Suite.*) — autres.—*Sedas* — satinés — jusqu'à 20 *idem*	*Idem*	800.
Tissus de soie. (*Suite.*) — autres.—*Sedas* — satinés — de 20 à 30 *idem*	*Idem*	1,400.
Vestes — de coton — de basin	La pièce	2,400.
Vestes — de coton — de nankin rayé	*Idem*	2,400.
Vestes — de coton — autres — communes	*Idem*	1,200.
Vestes — de coton — autres — fines	*Idem*	2,400.
Vestes — de laine — de cassinette	*Idem*	2,400.
Vestes — de laine — de drap — commun	*Idem*	2,000.
Vestes — de laine — de drap — fin	*Idem*	6,400.
Vestes — de laine — de futaine	*Idem*	1,600.
Vestes — de laine — de molleton. (Comme de *drap commun*.)		
Vestes — de lin. (Comme *de coton*.)		
Vestes — de soie	*Idem*	4,800.

VIII.e Section.

Liquides, Comestibles et Papiers.

MARCHANDISES.				UNITÉS.	ÉVALUATION.
					Reis.
Ail				La botte	40.
Amandes	amères	avec coques		L'arrobe	4,000.
		sans coques		*Idem*	6,400.
	douces	avec coques		*Idem*	4,000.
		sans coques		*Idem*	5,000.
	en dragées. (V. *Dragées.*)				
Artichauts en barils, dits *Ancoretas*				Le baril	3,600.
Bagres (V. *Poissons.*)					
Beurre				L'arrobe	6,400.
Bière	en bouteilles	noire		La bouteille	800.
		autre		La douzaine	3,400.
		Nota. La bouteille est comprise dans l'évaluation.			
	en futailles			La mesure	800.
Biscuits	*Biscoito*	communs		L'arrobe	1,600.
		fins		*Idem*	4,000.
	Bolacha, de mer	communs		*Idem*	1,600.
		fins		*Idem*	4,000.
Blanc de baleine. (Bougies de)				La livre	500.
Bouteilles. (V. *Verre.*)					
Cacao	du Brésil			L'arrobe	1,000.
	étranger			*Idem*	4,000.
Carton, jusqu'à 3 1/2 palmes				La feuille	100.
Cervelas				La douzaine	1,600.
Châtaignes, sans enveloppe				L'arrobe	2,400.
Chocolat				*Idem*	5,120.
Conserves	*Concervas*	de *Manga* en *boïoes*		Le *boïoe*	4,000.
		autre	à l'eau-de-vie, en flacons	Le flacon	1,000.
			au vinaigre, en *ancoretas*	L'*ancoreta*	5,000.
			au vinaigre, en *barils* de 4 à la pipe	Le *baril*	20,000.
			au vinaigre, en *frascos* ou *boïoes* de 1 *quartilho*	Le *frasco*	600.
			au vinaigre, en *frascos* ou *boïoes* de 2 *idem*	*Idem*	1,200.
			au vinaigre, en *frascos* ou *boïoes* de 4 *idem*	*Idem*	2,400.
			autres, en petits *boïoes*	*Idem*	1,000.
	Perrexil			La mesure	480.
Cruchons peur genièvre. (*Botijas.*)				La douzaine	720.
Dattes				La livre	600.
Dragées ordinaires avec amandes				*Idem*	400.
Eau-de-vie en pipes, jusqu'à 180 mesures de Rio-Janeiro	de France			La pipe	120,000.
	autre			*Idem*	100,000.
Farine. (V. *Froment*; *Pommes de terre.*)					

MARCHANDISES.	UNITÉS.	ÉVALUATIONS.
		Reis.
Figues sèches, en *barris*, *ceiras*, ou autres vases	L'arrobe	1,600.
Fromages { de Hollande	La pièce	600.
Fromages { autres	La livre	320.
Froment { Farine	L'arrobe	1,600.
Froment { Grains	L'alqueire	2,000.
Genièvre { en bouteilles de 1 1/4 *quartilho* (y compris la bouteille)	12 bouteilles	5,000.
Genièvre { en pipes, jusqu'à 180 mesures	La pipe	100,000.
Grains. (V. *Froment; Orge; Riz.*)		
Graisse { *Graxa* de bœuf	L'arrobe	2,000.
Graisse { *Unto* de porc, ou *banha*	*Idem.*	2,560.
Harengs secs, en petits barils	Le baril	2,400.
Haricots	L'alqueire	2,400.
Huiles { de cavale, en pipes	La pipe	90,000.
Huiles { douce, en pipes contenant au moins 180 mesures	*Idem.*	140,000.
Huiles { de loup marin, en pipes	*Idem.*	90,000.
Huiles { de *mamona* contenant 180 mesures et au-dessous	*Idem.*	100,000.
Huiles { de *mendoby*. (Comme de *Mamona.*)		
Huiles { de palme, en pipes contenant 180 mesures et au-dessous	*Idem.*	100,000.
Huiles { de poisson, en pipes	*Idem.*	90,000.
Huiles { autre, pour éclairage, en pipes	*Idem.*	90,000.
Jambons	L'arrobe	5,120.
Langues { sèches	*Idem.*	2,400.
Langues { en saumure	100 en nombre.	12,000.
Lard étranger	L'arrobe	2,600.
Liége (Bouchons de)	1,000 en nomb.	1,600.
Liqueurs, en bouteilles, contenant jusqu'à 1 quartilho (y compris la bouteille)	La douzaine	4,800.
Mate, en *jacazes*, *surroes*, e autre	L'arrobe	2,600.
Morue sèche	Le quintal	6,400.
Moutarde, en pots de verre commun { de 3 onces	Le pot	240.
Moutarde, en pots de verre commun { de plus de 3 onces	L'once	80.
Noisettes — *Avelhas*	L'arrobe	2,000.
Noix communes	*Idem.*	2,800.
Oignons — *Cebolas*	100 en nombre.	400.
Olives { de Portugal, en *ancoretas* { doubles	L'*ancoreta*	1,200.
Olives { de Portugal, en *ancoretas* { petites	*Idem.*	600.
Olives { de Séville, blanches, ou façon de Séville { en *ancoretas* { doubles	*Idem.*	4,000.
Olives { de Séville, blanches, ou façon de Séville { en *ancoretas* { petites	*Idem.*	2,000
Olives { de Séville, blanches, ou façon de Séville { en *paroleiras* { doubles	La *paroleira*	2,000.
Olives { de Séville, blanches, ou façon de Séville { en *paroleiras* { petites	*Idem.*	1,000.
Nota. Pour les olives de toute qualité importées en vases plus grands que ceux dénommés ci-dessus l'évaluation est proportionnelle au nombre d'*ancoretas* petites que contiennent les vases.		
Orge mondé	L'arrobe	3,200.

MARCHANDISES.	UNITÉS.	ÉVALUATIONS.
		Reis.
Papiers — à dessin — de 24 à 30 pouces de longueur et de 20 à 26 pouces de largeur	La feuille	120.
Papiers — à dessin — de 30 à 40 *idem* — de 26 à 28 *idem*	*Idem*	240.
Papiers — à dessin — de 40 à 50 *idem* — de 28 à 30 *idem*	*Idem*	300.
Papiers — à dessin — de plus de 50 *idem* — de plus de 30 *idem*	*Idem*	600.
Papiers — à écrire — blanc	La rame	1,800.
Papiers — à écrire — bleu	*Idem*	2,600.
Papiers — à envelopper — pour cartouches	*Idem*	6,000.
Papiers — à envelopper — autre, de couleur — jusqu'à 14 pouces	*Idem*	560.
Papiers — à envelopper — autre, de couleur — jusqu'à 17 *idem*	*Idem*	1,600.
Papiers — à envelopper — autre, de couleur — de plus de 17 *idem*	*Idem*	4,000.
Papiers — de Hollande, demi-Hollande, faux Hollande	*Idem*	9,600.
Papiers — impérial — jusqu'à 20 pouces	*Idem*	14,000.
Papiers — impérial — de plus de 20 *idem*	*Idem*	24,000.
Papiers — *imprensado* — in-octavo	*Idem*	4,000.
Papiers — *imprensado* — in-quarto	*Idem*	8,000.
Papiers — *imprensado* — in-folio	*Idem*	16,000.
Papiers — peint, argenté ou doré — commun	*Idem*	3,400.
Papiers — peint, argenté ou doré — fin	*Idem*	11,000.
Papiers — de *pezo* — in-quarto	*Idem*	3,600.
Papiers — de *pezo* — in-folio	*Idem*	7,200.
Papiers — à polir	La feuille	25.
Papiers — rayé, à musique	La rame	11,000.
Papiers — de tenture, en rouleaux de 14 covados	Le rouleau	1,400.
Pêches sèches — *Origones* ou *Pecegos*	La livre	320.
Perdrix préparées au beurre ou autrement	L'arrobe	8,000.
Piment — de couleur	La livre	640.
Piment — autre	*Idem*	400.
Poires sèches	*Idem*	240.
Pois — *Ervilhas*	L'arrobe	3,200.
Pois — *Grao de bico* (chiches)	*Idem*	3,200.
Poissons — *Bagres*	1,000 en nomb.	7,500.
Poissons — *Paratis* sèches	*Idem*	7,200.
Poissons — Sardines	*Idem*	1,200.
Poissons — autres, non dénommés, salés ou secs	L'arrobe	2,400.
Poivre de Portugal	La livre	150.
Pommes communes	100 en nombre.	2,000.
Pomme de terre — en farine	La livre	100.
Pomme de terre — autres, d'Angleterre	Le quintal	2,560.
Prunes sèches	L'arrobe	3,200.
Raisins secs	*Idem*	3,200.
Riz — étranger, sans balle	*Idem*	1,440.
Riz — autre, en balle	L'alqueire	640.
Sagou	La livre	250.
Saucissons — *Paios*	La douzaine	2,400.
Saucissons — *Salame*	La livre	640.
Savon étranger de toute qualité	L'arrobe	3,840.

MARCHANDISES.	UNITÉS.	ÉVALUATIONS.
		Reis.
Sel — du Brésil	L'alqueire	200.
Sel — étranger	*Idem.*	600.
Suif — du Brésil — brut	L'arrobe.	1,600.
Suif — du Brésil — ouvré, en chandelles	*Idem.*	3,200.
Suif — étranger — brut	*Idem.*	3,200.
Suif — étranger — fondu	*Idem.*	4,800.
Suif — étranger — ouvré en chandelles	*Idem.*	6,400.
Tabac — *Charutos* — Cigarres	100 en nombre	1,000.
Tabac — *Fumo* — à fumer, étranger	L'arrobe.	8,000.
Tonneaux — montés, vides	La pièce.	4,800.
Tonneaux — en douves	*Idem.*	3,200.
Torches de sparte	100 en nombre.	6,400.
Tripes	L'arrobe.	2,400.
Vermicelle et autres pâtes	*Idem.*	3,200.
Verre. — Bouteilles. — *Frascos* noirs. — de 1 quartilho et au-dessous	La douzaine.	720.
Verre. — Bouteilles. — *Frascos* noirs. — de 2 *idem*	*Idem.*	1,800.
Verre. — Bouteilles. — *Frascos* noirs. — de 3 *idem*	*Idem.*	2,400.
Verre. — Bouteilles. — *Frascos* noirs. — de 4 *idem*	*Idem.*	3,840.
Verre. — Bouteilles. — *Garrafas* noires, de 1 quartilho et au-dessous	100 en nombre.	6,400.
Verre. — Bouteilles. — *Garrafões* empaillées	La pièce.	700.
Viande. — de bœuf — marinée	L'arrobe.	2,000.
Viande. — de bœuf — sèche	*Idem.*	1,200.
Viande. — de porc, marinée	*Idem.*	2,600.
Vinaigre blanc ou rouge, en pipes de 180 mesures	La pipe.	30,000.
Vins. — en bouteilles de 1 *quartilho* et au-dessous. — de Champagne	La douzaine.	14,000.
Vins. — en bouteilles de 1 *quartilho* et au-dessous. — de Constance	*Idem.*	14,000.
Vins. — en bouteilles de 1 *quartilho* et au-dessous. — autres	*Idem.*	4,800.
Nota. La bouteille est comprise dans l'évaluation.		
Vins. — en futailles (*Pipas*) blancs ou rouges, — du Cap de Bonne-Espérance	Le gallon.	450.
Nota. Le gallon anglais équivaut à 5 1/4 *quartilhos* de Rio-de-Janeiro.		
Vins. — en futailles — de Portugal. — des Açores — jusqu'à 130 mesures	La pipe.	40,000.
Vins. — en futailles — de Portugal. — des Açores — jusqu'à 180 *idem*	*Idem.*	60,000.
Vins. — en futailles — de Portugal. — de Madère, sec ou doux, jusqu'à 180 *idem*	*Idem.*	120,000.
Vins. — en futailles — de Portugal. — de Porto — portant la marque de la compagnie du Haut-Douro jusqu'à 180 mesures	*Idem.*	120,000.
Vins. — en futailles — de Portugal. — de Porto — autres, jusqu'à 180 mesures	*Idem.*	80,000.
Vins. — en futailles — autres, jusqu'à 180 mesures	*Idem.*	60,000.
Nota. Les vins portant la marque de la compagnie du Haut-Douro, ou égaux en qualité aux autres vins de Porto et à ceux de Madère, importés des ports dont les vins sont évalués moins de 80,000 reis, s'évaluent, suivant leur qualité, comme chacune des trois espèces préindiquées. Bien que, pour les évaluations des vins autres que du Cap et de Portugal, on ait assigné ici à la pipe une contenance absolue de 180 mesures, le Gouvernement a donné l'assurance que les droits seraient perçus d'après la contenance effective des futailles.		

www.ingramcontent.com/pod-product-compliance
Ingram Content Group UK Ltd.
Pitfield, Milton Keynes, MK11 3LW, UK
UKHW021033260726
13994UKWH00005B/2117

9 782329 347202